봉지아 브라질

멀티미디어 포르투갈어(브라질어)

한국외국어대학교
포르투갈(브라질)어과

한국외국어대학교출판부

머리말

유럽대륙 남서쪽 끝에 위치한 이베리아 반도 서쪽의 작은 국가 포르투갈은 지리적인 불리함 때문에 해외로 영토를 확장하면서 전 세계로 포르투갈어를 전파하였다. 라틴어를 기원으로 하는 포르투갈어는 현재 브라질을 비롯하여 아프리카의 앙골라와 모잠비크 등에서 사용되며 전 세계 1/7의 지역에서 사용하는 세계 6대 광역언어이다.

특히 최근엔 BRICs나 IBSA와 같은 신조어에서 알 수 있듯이 브라질에 대한 무한한 잠재력과 그에 대한 관심이 증폭되면서 브라질에서 사용하는 포르투갈어에 대한 교육적 필요성 역시 점차 높아지고 있다. 브라질은 한반도의 약 38배에 달하는 드넓은 영토와 2억여 명의 거대한 인구가 각각 세계 5위를 차지하고 있으며, 농산물과 광물의 무한성을 바탕으로 현재 중남미 최대의 소비시장이자 남미시장 진출의 교두보로서 자리매김하고 있을 뿐만 아니라 우리나라와의 교역도 갈수록 확대되고 있다. 더구나 브라질은 영어가 잘 통하지 않는 나라이므로 브라질에서 사용되는 포르투갈어를 유창하게 구사할 수 있는 인적자원에 대한 중요성은 더욱 증가하는 추세이다.

한편 포르투갈어는 크게 유럽식과 브라질식으로 구분할 수 있는데 역사적으로 브라질이 유럽문화 외에 인디오 문화와 흑인 문화를 통합하여 형성되었듯이 브라질에서 쓰이는 포어는 기존의 유럽 포르투갈어와 비교하여 볼 때 브라질 원주민 언어인 뚜삐어, 흑인 노예 수입으로 들어온 아프리카어 및 독일, 이탈리아 등지에서 온 무수한 이민자들의 언어적 영향으로 발음, 문법, 어휘 등이 새롭고 다양하게 형성되었다.

본 교재는 브라질에서 사용되는 포르투갈어에 초점을 맞춰 현지에서 겪을 수 있는 상황을 크게 24강으로 나누어 편성하였다. 각 강은 발음에서 출발하여 각 상황에 적합한 본문을 바탕으로 기본 어휘, 유용한 표현, 간단명료한 문법 설명 및 연습문제로 구성되어 있으며, 브라질 현지에서 직접 촬영

한 시청각 자료를 바탕으로 유익한 문화 정보를 제공하여 언어학습 효과를 높이고자 하였다. 또한 현지인의 발음을 기초로 함께 제공한 동영상 CD를 통하여 시청각 학습에 대한 갈증을 해소하고 꾸준한 멀티미디어 학습이 이루어지도록 발판을 마련하였다.

이렇듯 본 교재는 포르투갈어에 입문하는 모든 학습자들이 유용한 내용 및 생생한 정보와 함께 흥미롭게 공부를 시작할 수 있도록 제작되었다. 교재와 동영상 CD를 충분히 활용하여 학습한다면, 현지인들과의 대화에서 적절히 의사소통을 하고 현지 생활의 적응에도 도움이 될 것으로 확신하는 바이다. 마지막으로, 앞으로 더욱 가치가 상승할 포르투갈어에 대한 학습이 우리나라에서 더욱 주목받고 대중적이 되길 기대하며 본 교재를 사용한 모든 포르투갈어 입문자들의 성공적인 학습을 기원한다.

2010년 1월

저자

차례

제1부(1-2강): 발음규칙 -- 9

1-2강 A língua portuguesa: alfabeto, pronúncia e acento -------------- 10

제2부(3-5강): 처음 만나서 대화하기 -- 19

3강 Oi, tudo bem? -- 20

SITUAÇÃO 1: 인사와 소개 -- 21

SITUAÇÃO 2: 사과와 감사 -- 22

SITUAÇÃO 3: 안부 묻고 헤어질 때 ------------------------------------ 23

4강 Qual é o seu nome? -- 29

SITUAÇÃO 1: 이름과 출신을 물을 때 ---------------------------------- 30

SITUAÇÃO 2: 이름과 관계를 물을 때 ---------------------------------- 31

SITUAÇÃO 3: 나이와 사는 곳을 물을 때 ------------------------------ 32

5강 Sou estudante. -- 39

SITUAÇÃO 1: 직업과 신분을 물을 때 ---------------------------------- 40

SITUAÇÃO 2: 자기 소개할 때 --- 41

제3부(6-8강): 일상적인 대화하기 -- 49

6강 Que horas são? --- 50

SITUAÇÃO 1: 시각을 물을 때 --- 51

SITUAÇÃO 2: 요일이나 날짜를 물을 때 ------------------------------- 52

SITUAÇÃO 3: 생일을 물을 때 --- 53

7강 Como está o tempo hoje? -- 62

SITUAÇÃO 1: 날씨 얘기할 때 --- 63

SITUAÇÃO 2: 일기예보 얘기할 때 ---------------------------------- 64
SITUAÇÃO 3: 기온 얘기할 때 -- 65

8강 Alô, quem fala? -- 73
SITUAÇÃO 1: 아는 사람과 전화할 때------------------------------ 74
SITUAÇÃO 2: 모르는 사람과 전화할 때--------------------------- 75
SITUAÇÃO 3: 전화 잘못 걸었을 때 -------------------------------- 76
SITUAÇÃO 4: 공중전화 찾을 때 ------------------------------------ 77

제4부(9-10강): 주말 즐기기 --- 83

9강 Você gosta de filmes?-- 84
SITUAÇÃO 1: 영화에 대해 물을 때 -------------------------------- 85
SITUAÇÃO 2: 영화관에서 표를 구입할 때 ------------------------ 86
SITUAÇÃO 3: 음악에 대해 물을 때---------------------------------- 87

10강 O que você vai fazer neste domingo? ---------------------------- 92
SITUAÇÃO 1: 주말 약속할 때 -- 93
SITUAÇÃO 2: TV 시청할 때 -- 94
SITUAÇÃO 3: 축구 보며 얘기할 때---------------------------------- 95

제5부(11-12강): 식사하기 -- 103

11강 Quero tomar alguma coisa. --------------------------------------- 104
SITUAÇÃO 1: 식당 추천할 때-- 105
SITUAÇÃO 2: 식당 예약할 때-- 106
SITUAÇÃO 3: 간이식당에서 뭘 먹을 지 얘기할 때 -------------- 107

12강 O que o senhor vai pedir? ---------- 113
SITUAÇÃO 1: 뷔페식당에서 음료만 주문할 때 ---------- 114
SITUAÇÃO 2: 식당에서 주문할 때 ---------- 115
SITUAÇÃO 3: 식당에서 계산할 때 ---------- 116

제6부(13-16강): 은행가서 일보기 ---------- 123

13강 Você está livre amanhã? ---------- 124
SITUAÇÃO 1: 약속 잡을 때 ---------- 125
SITUAÇÃO 2: 약속 변경할 때 ---------- 126
SITUAÇÃO 3: 약속에 늦었을 때 ---------- 127

14강 Como faço para chegar lá? ---------- 132
SITUAÇÃO 1: 교통편을 물을 때 ---------- 133
SITUAÇÃO 2: 차로 데리러 가겠다고 제안할 때 ---------- 134
SITUAÇÃO 3: 택시 탈 때 ---------- 135
SITUAÇÃO 4: 길을 물을 때 ---------- 136

15강 Eu gostaria de abrir uma conta. ---------- 142
SITUAÇÃO 1: 계좌 개설할 때 ---------- 143
SITUAÇÃO 2: 예금할 때 ---------- 144
SITUAÇÃO 3: 예금 인출할 때 ---------- 145

16강 Quanto está o dólar? ---------- 151
SITUAÇÃO 1: 환전할 때 ---------- 152
SITUAÇÃO 2: 공과금 낼 때 ---------- 153
SITUAÇÃO 3: 충전식 휴대폰 선불카드를 살 때 ---------- 154

제7부(17-18강): 쇼핑하기 ---------- 159

17강 Eu gostaria de ver uma blusa. ---------- 160

SITUAÇÃO 1: 옷을 살 때 ---------- 161

SITUAÇÃO 2: 계산할 때 ---------- 162

SITUAÇÃO 3: 구경만 할 때 ---------- 163

18강 Quanto custa essa aqui? ---------- 170

SITUAÇÃO 1: 전자제품 살 때 ---------- 171

SITUAÇÃO 2: 배달을 부탁할 때 ---------- 172

SITUAÇÃO 3: 교환할 때 ---------- 173

제8부(19-22강): 여행하기 ---------- 183

19강 Qual é o próximo ônibus? ---------- 184

SITUAÇÃO 1: 여행상품 구입할 때 ---------- 185

SITUAÇÃO 2: 버스표 구입할 때 ---------- 186

20강 Eu gostaria de fazer uma reserva. ---------- 192

SITUAÇÃO 1: 항공권 예약할 때 ---------- 193

SITUAÇÃO 2: 탑승 수속할 때 ---------- 194

SITUAÇÃO 3: 비행기 경유 방법에 대해 물을 때 ---------- 195

21강 Um apartamento duplo, por favor. ---------- 208

SITUAÇÃO 1: 호텔 예약할 때 ---------- 209

SITUAÇÃO 2: 체크인할 때 ---------- 210

SITUAÇÃO 3: 객실 열쇠를 찾을 때 ---------- 211

SITUAÇÃO 4: 체크아웃할 때 ---------- 212

22강 Poderia tirar uma foto para nós? ---------- 218
SITUAÇÃO 1: 관광정보에 대해 문의할 때 ---------- 219
SITUAÇÃO 2: 사진 촬영 부탁할 때 ---------- 220
SITUAÇÃO 3: 관광 안내 받을 때 ---------- 221

제9부(23-24강): 긴급상황 ---------- 229

23강 Eu estou com febre... ---------- 230
SITUAÇÃO 1: 몸이 아플 때 ---------- 231
SITUAÇÃO 2: 진찰 예약할 때 ---------- 232
SITUAÇÃO 3: 진찰할 때 ---------- 233
SITUAÇÃO 4: 약을 살 때 ---------- 234

24강 Deixei a minha mochila no táxi. ---------- 240
SITUAÇÃO 1: 물건을 분실했을 때 ---------- 241
SITUAÇÃO 2: 도난을 당했을 때 ---------- 242
SITUAÇÃO 3: 강도를 당했을 때 ---------- 243

ANEXO ---------- 251
I. 본문번역 ---------- 252
II. 연습문제 정답 ---------- 270

제1부(1–2강)

발음규칙

1-2강 A língua portuguesa: alfabeto, pronúncia e acento

브라질과 포르투갈어

포르투갈어(포어)의 기원인 라틴어는 로마제국이 세력을 넓혔던 여러 유럽 국가들로부터 아프리카와 아시아까지 영향을 미쳤다. 특히 포르투갈이 위치한 이베리아 반도를 지배한 언어였기에 포어는 라틴어로부터 파생된 언어이다. 유럽대륙 남서쪽 끝에 위치한 이베리아 반도 서쪽의 작은 국가 포르투갈은 지리적인 불리함 때문에 해외로 영토를 확장을 하면서 전세계로 포어를 전파하였다. 브라질뿐만 아니라 아프리카의 앙골라와 모잠비크 등에서 사용되는 포어는 전세계 1/7의 지역에서 사용하는 언어로 여러 국제기구에서 실무어로 사용되고 있다.

한편 포어는 크게 유럽식과 브라질식으로 구분할 수 있다. 기존의 유럽식 포어와 비교하여 브라질식 포어는 발음, 문법, 어휘 등의 사용측면에서

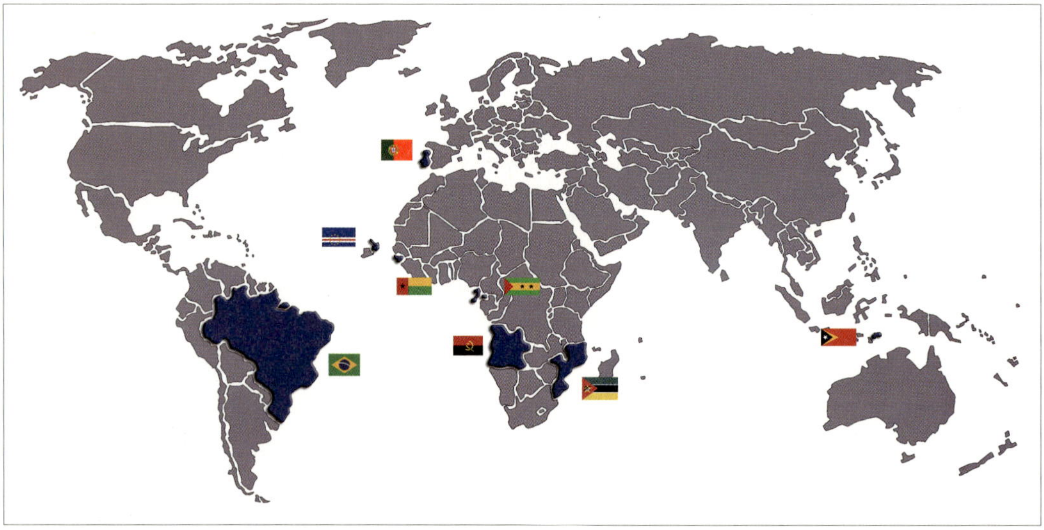

다양한 변화를 가져왔다. 역사적으로 브라질이 형성된 과정에서 볼 때 유럽문화 외에 인디오 문화와 흑인 문화가 통합되었듯이, 브라질에서 쓰이는 포어는 브라질 원주민 언어인 뚜삐어, 흑인 노예 수입으로 들어온 아프리카어 및 독일, 이탈리아 등지에서 온 무수한 이민자들의 언어적 영향으로 새롭게 풍성하게 형성되었다.

최근 BRICs(브라질, 러시아, 인도, 중국)나 IBSA(인도, 브라질, 남아공)와 같은 신조어에서 알 수 있듯이 브라질의 잠재력이 서서히 현실로 나타나면서 브라질 포어의 활용 가치 역시 증가하고 있다. 광활한 영토(한반도의 약 38배, 남한의 약 85배)와 거대한 인구(약 2억 명)가 각각 세계 5위를 차지하고 있는 브라질은 중남미 최대의 소비시장이고 자원 부국 신흥시장이다. 따라서 우리나라의 투자와 교역도 갈수록 확대되고 있는데 현지에서는 영어가 잘 통하지 않기에 브라질 포어 사용의 중요성은 점차 높아지고 있다.

발음과 강세

1) 알파벳

- 포어의 알파벳은 기존에 우리가 알고 있는 영어의 알파벳과 같은 형태로 발음만 다름.
- 포어는 발음기호 없이 발음규칙에 의거하여 모든 단어를 발음함.
- 본 교재는 브라질식 발음에 따름([ ]/[ ]표기에서는 앞이 브라질식, 뒤가 유럽식임).

A [아]	B [베]	C [쎄]
D [데]	E [에]	F [애피]/[애프]
G [줴]	H [아가]	I [이]
J [죠따]	K [까]	L [앨리]/[앨르]
M [에미]/[에므]	N [에니]/[에느]	O [오]
P [뻬]	Q [께]	R [애히]/[애흐]

S [애씨]/[애스]　　T [떼]　　U [우]
V [베]　　W [다블류]　　X [쉬스]
Y [입실롱]　　Z [제]

cf. k, w, y는 외래어 알파벳으로 고유명사나 약자에만 쓰인다.

2) 모음

- 기본적으로 다섯 개의 모음 a, e, i, o, u 가 음가 그대로 발음.
- 하지만, 강세가 없는 e와 o(특히 단어 끝에서)는 발음이 약해져 [이]/[으]와 [우]로 발음.

a [아] casa 까자 (집)
e [에] nenê 네네 (아기)
[이] fonte 퐁찌/퐁뜨 (분수)
i [이] igreja 이그레쟈 (교회)
o [오] conta 꽁따 (계산서)
[우] todo 또두(모든)
u [우] uso 우주 (사용)

- 이중모음: a, e, o를 강모음, i, u 를 약모음이라 하는데, 강모음+약모음 혹은 약모음+약모음의 순서로 쓰일 때 두 개의 모음을 하나의 모음으로 간주하여 강세는 앞 모음에 있음.

baixo 바이슈 (아래)
janeiro 쟈네이루 (1월)
noivo 노이부 (신랑)
causa 까우자 (원인)
lousa 로우자 (칠판)
muito 무이뚜 (매우)

cf. 동사의 어미변화에는 이중모음이 적용되지 않음. ex) falou, comeu, partiu etc.

3) 자음

- 다음 자음은 한 가지 음가: b, f, h, j, k, p, q, v, w, y
- 다음 자음은 위치에 따라 두 가지 이상의 음가: c, d, g, l, m, n, r, s, t, x, z
- 특히, 브라질 포어에서는 d, t에서 구개음화가 나타남.

b [ㅂ] 영어의 b 발음에 해당.
boca 보까(입)

c [ㄲ, ㅆ] ca, co, cu, que, qui가 [까], [꼬], [꾸], [께], [끼]로 발음.
casaco 까자꾸(외투), aqui 아끼(여기)
ça, ço, çu, ce, ci는 [싸], [쏘], [쑤], [쎄], [씨]로 발음.
praça 쁘라싸(광장), certeza 쎄르떼자(확실)

d [ㄷ, ㅈ] da, do, du는 [다], [도], [두]로 발음.
dado 다두(자료)
브라질 포어에서 di는 [지]로 발음하며, 유럽 포어에서는 [디]로 발음.
dica 지까/디까(힌트)
브라질 포어에서 de는 어미에서 [지], 어두나 중간에서 [데]나 [지]로 발음하며, 유럽 포어는 어미에서 [드], 어두나 중간에서는 [데]나 [드]로 발음.
tarde 따르지/따르드(오후), depois 데뽀이스, 지뽀이스/데뽀이쉬, 드뽀이쉬(다음에)

f [ㅍ] 영어의 f 발음에 해당.
faca 파까(칼)

g [ㄱ, ㅈ] ga, go, gu, gue, gui가 [가], [고], [구], [게], [기]로 발음.
gato 가뚜(고양이), guerra 게하(전쟁)
ja, jo, ju, ge, gi는 [쟈], [죠], [쥬], [줴], [쥐]로 발음.

juro 쥬루(이자), gente 젱찌/젱뜨(사람)

cf. gu, qu 다음에 e, i가 오면 u는 묵음.

h [묵음] 발음하지 않음.

hotel 오떼우/오뗄(호텔)

cf. h가 ch, lh, nh에서 쓰일 때는 발음에 기여. ch는 [쉬]로 발음, lh 와 nh에서 h는 [이] 발음을 첨가해주는 역할.

chuveiro 슈베이루(샤워기), milho 밀류(옥수수), cafezinho 까페징유(커피)

j [ㅈ] 영어의 [ʒ] '쥐' 발음.

jornal 죠르나우/죠르날(신문)

k [ㄲ] 된소리(경음)로 발음.

Kátia 까찌아(여자 이름)

l [ㄹ, ㅜ] 기본적으로 ㄹ 발음.

lua 루아(달)

브라질 포어에서는 음절 끝의 l 이 반모음화되어 u 로 발음.

Brasil 브라지우/브라질(브라질)

m [ㅁ, ㅇ]기본적으로 ㅁ 발음.

mapa 마빠(지도)

음절 끝에 올 때는 콧소리(비음)로 발음.

samba 쌍바 (삼바)

n [ㄴ, ㅇ] 기본적으로 ㄴ 발음.

nome 노미/노므 (이름)

음절 끝에 올 때는 콧소리(비음)로 발음.

banca 방까(가판대)

p [ㅃ] 된소리로 발음.

pé 뻬(발)

q [ㄲ] 된소리로 발음.

quatro 꽈뜨루(4)

r [ㅎ, ㄹ] 어두에 올 때나 rr로 쓸 때는 ㅎ 발음.

honra 옹하 (영광), carro 까후(자동차)

모음과 모음 사이에서는 ㄹ 발음. 영어처럼 혀를 굴리지 않음.

caro 까루(비싼)

s [ㅆ(ㅅ), ㅈ] 어두, 어미에 올 때나 ss로 쓸 때는 ㅆ(ㅅ) 발음.

saída 싸이다(출구), sucesso 수쎄쑤(성공)

모음과 모음 사이에 올 때는 ㅈ[z] (ㅅ과 ㅈ의 중간) 발음.

asa 아자(날개)

t [ㄸ, ㅉ] ta, to, tu는 [따], [또], [뚜]로 발음.

toalha 또알랴(수건)

브라질 포어에서 ti는 [찌]로 발음하며(실제 발음은 [치]와 더 유사), 유럽 포어에서는 [띠]로 발음.

tio 찌우/띠우(삼촌)

브라질 포어에서 te는 어미에서 [찌], 어두나 중간에서 [떼]나 [찌]로 발음하며, 유럽 포어는 어미에서 [뜨], 어두나 중간에서는 [떼]나 [뜨]로 발음.

noite 노이찌/노이뜨(밤), teatro 떼아뜨루, 찌아뜨루/떼아뜨루, 뜨아뜨루(연극)

v [ㅂ] 영어의 v 발음에 해당.

vitória 비또리아(승리)

w [ㅂ] v 발음과 일치.

Walkíria 바우끼리아(여자 이름)

x [쉬, ㅈ, ㅆ(ㅅ), ㄱㅆ] 네 가지 음가로 발음.

[쉬]로 발음되는 경우: xarope 샤로뻬/샤로쁘(시럽), peixe 뻬이쉬(생선)

ㅈ[z]로 발음되는 경우: exame 이자미/이자므(시험), exemplo 이젱쁠루(예)

ㅆ(ㅅ)로 발음되는 경우: expressão 에스쁘레써웅(표현), excelente 에쎌렝찌/에쎌렝뜨(탁월한)

ㄱㅆ[ks]로 발음되는 경우: táxi 딱씨 (택시), sexo 쎅쑤 (성)

y [ㅣ] i 모음처럼 발음.

Yasmin 야스밍(여자 이름)

z [ㅈ, ㅅ] 어두에 올 때나 모음과 모음 사이에 올 때는 ㅈ[z] 발음.

zebra 제브라(얼룩말), beleza 벨레자(아름다움)

어미에 올 때는 ㅅ 발음.

arroz 아호스(쌀)

4) 강세

(1) 일반적으로 강세는 뒤에서 두 번째 음절에 온다.

verdade 베르다지/베르다드 (진실)

(2) l, r, z, i, u, im, um 으로 끝나는 단어는 마지막 음절에 강세가 온다.

anel 아네우 (반지), doutor 도우또르 (박사), feliz 펠리스 (행복한), abacaxi 아바까쉬 (파인애플), bambu 방부 (대나무), jardim 쟈르징/쟈르딩 (정원), comum 꼬뭉 (보통의)

(3) 위의 규칙에 해당되지 않는 단어는 단어 자체에 강세 표시가 있다.

sábado 싸바두 (토요일), você 보쎄 (당신), irmão 이르머웅 (형제)

기본문형

1) 평서문

일반적으로 주어(S)+동사(V)+목적어(O)/보어(C) 순이다.

Você tomou café. 당신은 커피를 마셨다.
S V O

Ela é brasileira. 그녀는 브라질여자이다.
S V C

2) 의문문

문장 끝에 물음표를 붙여준다.

Você tomou café? 당신은 커피를 마셨습니까?

Ela é brasileira? 그녀는 브라질여자입니까?

3) 부정문

동사 앞에 부정부사 não을 넣어준다.

Você não tomou café? 당신은 커피를 마시지 않았습니까?

Ela não é brasileira. 그녀는 브라질여자가 아닙니다.

Um pouco de cultura brasileira

브라질의 국기

브라질의 국기가 우리나라 국민들에게 친숙한 것은 무엇보다도 축구의 영향이 크다고 할 수 있다. 1889년 11월 19일 법령에 의해 정식으로 채택된 브라질 국기는 녹색 바탕 가운데 노란색 마름모형이 있고 마름모 안에 파란색 원형이 있는 모양을 띠고 있다. 원형 안에는 왼쪽 위에서 오른 쪽 아래로 가로 질러 하얀 띠가 있으며 그 안에는 '질서와 진보'(ORDEM E PROGRESSO)라는 문구가 쓰여져 있다. 띠 주변으로 그려져 있는 별들은 26개의 주와 1개의 연방특구(Distrito Federal)를 상징한다. 한편 색깔마다 의미를 지니고 있는데 녹색은 브라질의 삼림, 노란색은 지하자원, 파란색은 하늘을 뜻한다.

A bandeira nacional do Brasil foi adotada em 19 de novembro de 1889 e segundo recomenda o decreto da lei nº 4 tem por base um retângulo verde com proporções de 07x10 e inscrito a ele um losango amarelo que inscreve um círculo azul atravessado por uma faixa branca com as palavras "Ordem e Progresso" em letras verdes, assim como vinte e sete estrelas de cor branca.

Ainda hoje, não foi expedido decreto que defina oficialmente o significado de cada cor e forma, sendo todavia difundida a interpretação de que o verde representa as florestas, o amarelo, o ouro e riquezas minerais, e o azul, o céu. As estrelas, que representam os estados que formam a União, e a faixa branca estão de acordo, respectivamente, com os astros e a configuração do céu carioca na manhã de 15 de novembro de 1889, às 8:30h. (doze horas siderais), e devem ser consideradas como vistas por um observador situado fora da esfera celeste. A inscrição "Ordem e Progresso", sempre em verde, é o lema político do Positivismo, forma abreviada do lema de autoria do positivista francês Auguste Comte: *O Amor por princípio e a Ordem por base; o Progresso por fim.* Seu sentido é a realização dos ideais republicanos: a busca de condições sociais básicas (respeito aos seres humanos, salários dignos etc.) e o melhoramento do país (em termos materiais, intelectuais e, principalmente, morais).

* ⟨http://pt.wikipedia.org/wiki/Bandeira_do_Brasil⟩

제2부(3-5강)

처음 만나서 대화하기

3강 Oi, tudo bem?

VOCABULÁRIO

tudo [부정대] 모든 것
bem [부] 잘
e [접] 그리고
você [인칭대] 너, 당신
eu [인칭대] 나
como [의문부] 어떻게
estar [동] ~있다(상태표현)
ser [동] ~이다
esse/a [지시대] 이, 그(것)
amigo/a [명] 친구
japonês(a) [명] 일본인
coreano/a [명] 한국인
não [부] ~아닌
muito [부] 매우
prazer [명] (남) 기쁨
licença [명] (여) 허락, 허가
moço/a [명] 청년/아가씨
irmão/irmã [명] 형제/자매
agora [부] 지금
casa [명] (여) 집
bom/boa [형] 좋은
noite [명] (여) 밤
dona [명] (여) 부인
senhor(a) [명] ~님(선생님, 여사님)
esposa [명] (여) 아내
até [전] ~까지

DIÁLOGO

SITUAÇÃO 1: 인사와 소개

H1: Oi, Cristina. Tudo bem?

M: Tudo. E você, como está?

H1: Bem. Cristina, esse é o meu amigo André.

M: Olá, você é japonês?

H2: Não. Eu sou coreano.

M: Ah é? Muito prazer.

H2: O prazer é meu.

SITUAÇÃO 2: 사과와 감사

H: Com licença, moça. Você é a Sandra?

M: Não. Sou irmã da Sandra.

H: Ah, desculpe!

M: Não foi nada. Agora ela deve estar em casa. Você pode ligar para lá.

H: Ah, é? Muito obrigado.

M: De nada.

SITUAÇÃO 3: 안부 묻고 헤어질 때

H: Boa noite, dona Lúcia. Tudo bem?

M: Boa noite, seu Pedro. Como é que vai?

H: Bem, obrigado. E a senhora?

M: Tudo bem. E a esposa, como ela está?

H: Ela está bem. Até mais.

M: Tchau. Boa noite.

APLICAÇÃO

- Bom dia.
- Boa tarde.
- Boa noite.

- Mais ou menos.

- Obrigado por tudo.
- Obrigado pelo presente.
- Obrigado pela ajuda.

- Eu é que agradeço.
- De nada.
- Não tem de quê.
- Não há de quê.

- Desculpe pela demora.
- Sinto muito.
- Perdão.

- Não foi nada.
- Não faz mal.
- Não tem importância.

- Até já.
- Até logo.
- Até amanhã.
- Até a próxima.
- Até o domingo.

- Bom fim de semana.
- Boa viagem.
- Boas férias.

País e Nacionalidade

a Alemanha	alemão - alemã
Angola	angolano - angolana
o Brasil	brasileiro brasileira
a Coreia	coreano - coreana
a China	chinês - chinesa
a Espanha	espanhol - espanhola
os Estados Unidos da América	americano - americana
a França	francês - francesa
a Inglaterra	inglês - inglesa

a Itália	italiano - italiana
o Japão	japonês - japonesa
o México	mexicano - mexicana
Moçambique	moçambicano - moçambicana
Portugal	português - portuguesa

GRAMÁTICA E EXERCÍCIO

[1] 상태를 나타내는 동사 estar

영어의 be 동사와 유사하나 기쁨, 슬픔, 피곤함, 건강함, 무사함 등과 같이 주어의 가변적인 상태를 표현할 때 사용한다.

	단수	복수
1인칭	estou	estamos
3인칭	está	estão

구어체에서는 "tô", "tá" 등으로 줄여서 발음하기도 한다.

(1) Eu estou doente. 나는 아프다.

(2) Ela está em casa. 그녀는 집에 있다.

(3) Eles estão de férias no Rio de Janeiro. 그들은 리우데자네이루에서 휴가 중이다.

[2] 주어의 속성을 표현하는 ser

영어의 be 동사와 유사하나 국적, 신분 등 주어의 변하지 않는 속성을 표현하기 위해서 사용하는 동사이다.

	단수	복수
1인칭	sou	somos
3인칭	é	são

(1) Eu sou estudante. 나는 학생이다.

(2) Ele é solteiro. 그는 미혼이다.

(3) Maria é minha amiga e é brasileira. 마리아는 내 친구이고 브라질인이다.

(4) Nós somos colegas. 우리는 동료들이다.

연습문제 A

다음 괄호를 적당한 동사로 채우세요.

(1) Roberto ___________ estrangeiro. Ele ___________ no Brasil para trabalhar.

(2) Nós ___________ contentes agora.

(3) Ela ___________ professora e ___________ na sala.

(4) A gente não ___________ irmão.

(5) Você e ele ___________ advogados?

(6) Quem ___________ eles?

(7) Os copos ___________ na mesa.

(8) Eu ___________ triste.

(9) Eu e ela ___________ amigos de infância.

(10) Eles ___________ alunos de português e ___________ estudiosos.

연습문제 B

다음 대화를 완성하세요.

(1) A: Bom dia, Júlia. ______________________?

B: Bem, obrigada. E ______________________, Renato?

(2) A: Boa tarde, Pedro. Como está sua mulher?

B: ______________________, obrigado.

(3) A: Oi, Mària, tudo bem?

B: Tudo bem, seu Paulo. E ______________________?

(4) A: ______________________.

B: De nada.

(5) A: Muito prazer.

B: ______________________.

UM POUCO DE CULTURA BRASILEIRA

인사방식

브라질이 친근하게 느껴지는 때는 언제부터일까? 처음 만나 인사하는 바로 그 순간부터다. 남녀 간이나 여자끼리 하는 인사법인 Beijinho는 만났을 때나 헤어질 때 서로의 빰에 가볍게 입을 맞추며 쪽쪽 소리를 내는 것이다.

지역에 따라 한 번만 하는 곳도 있고 두 번 하는 곳도 있으며, 한쪽이 미혼이면 결혼하라는 의미를 담아 세 번 하기도 한다. 반면 남자끼리는 일반적으로 오른손으로는 강하게 악수하고 왼손으로는 서로의 어깨를 가볍게 두드려주는 방식으로 인사한다. 브라질 국민들은 어느 나라 국민들보다도 스킨십을 좋아하고 또 많이 표현하는 편이다. 이러한 문화는 곧 상대방에 대한 정과 관심을 표현하며 또 개개인간의 친밀함을 확인하는 것이기도 하다.

O cumprimento é uma forma de saudação amigável entre duas pessoas ou entidades, geralmente com algum gesto ou fala.

Os gestos que simbolizam os cumprimentos variam de cultura para cultura. No Ocidente e na maioria do mundo, entre homem-homem costuma-se utilizar o aperto de mão. Entre homem-mulher, mulher-mulher que não tem certa intimidade, também. É comum se utilizar um, dois ou até três beijos no rosto entre homem-mulher, mulher-mulher que já são colegas ou amigos há algum tempo.

Em alguns países da Ásia, se cumprimenta unindo as próprias mãos. No Japão as saudações se dão normalmente fazendo uma reverência e os apertos de mão são comumente feitos em conjunto com a forma tradicional de saudação.

Para o dia inteiro é "bom dia" pela manhã, "boa tarde" pela tarde e "boa noite" pela noite.

* <http://pt.wikipedia.org/wiki/cumprimento>

4강

Qual é o seu nome?

VOCABULÁRIO

qual 의문대 어떤(것)
seu/sua 소유대 너의, 그의(것)
nome 명 (남) 이름
quem 의문대 누구
aquele/a 지시대 저(것)
ele/ela 인칭대 그/그녀
meu/minha 소유대 나의(것)
primo/a 명 사촌
também 부 역시
paulista 명 상파울루(주) 사람
carioca 명 리우데자네이루(시) 사람
então 부 그럼
ter 동 가지다, ~가 있다
namorado/a 명 애인
claro 부 명확히
quanto/a 의문대 얼만큼
ano 명 (남) 년(年)
onde 의문부 어디에
morar 동 거주하다
bairro 명 (남) 구(區)
legal 형 좋은
perto 부 가까이에
churrascaria 명 (여) 슈하스까리아, 슈하스꾸 식당
acreditar 동 믿다
vizinho/a 명 이웃

DIÁLOGO

SITUAÇÃO 1: 이름과 출신을 물을 때

H: Qual é o seu nome?

M: Meu nome é Patrícia. E o seu?

H: Meu nome é Rodrigo. Quem é ele?

M: Ele é meu primo. O nome dele é Fernando.

H: Ele também é paulista?

M: Não, ele é carioca.

SITUAÇÃO 2: 이름과 관계를 물을 때

H: Como é o seu nome?

M: Meu nome é Fernanda.

H: Então, você é namorada do Ronaldo?

M: Não, não sou. Sou só uma amiga dele.

H: Então, você tem namorado?

M: Claro que tenho.

SITUAÇÃO 3: 나이와 사는 곳을 물을 때

M: Quantos anos você tem?

H: Eu tenho vinte anos. E você?

M: Eu tenho vinte e um. Onde você mora?

H: Eu moro no bairro Petrópolis.

M: Ah, é? Eu também.

H: Que legal! Eu moro perto da churrascaria Barranco.

M: Não acredito! Você é meu vizinho.

APLICAÇÃO

- De onde você é?
- De onde você veio?
- Eu sou da Coreia.
- Eu vim de Seul.

- Sou paulista.
- Sou carioca.
- Sou gaúcho.
- Sou mineiro.

- Você tem irmãos?
- Quantos irmãos você tem?
- Eu tenho dois irmãos.

- Eu sou filho único.
- Eu sou caçula.

- Qual é a sua idade?
- Você parece muito jovem.
- Quando você faz aniversário?
- Amanhã vou fazer 20 anos.

- É perto daqui?
- É longe daqui?
- Quanto tempo leva?

GRAMÁTICA E EXERCÍCIO

[포르투갈어 의문사와 의문문 만들기]

① 의문사가 없는 의문문은 평서문에 물음표를 붙여서 만든다. 읽을 때는 문장 끝의 억양을 올려준다.

Você é brasileiro. 당신은 브라질사람이다.
Você é brasileiro? 당신은 브라질사람입니까?
Esta é a sua casa. 이것은 당신의 집이다.
Esta é a sua casa? 이것은 당신의 집입니까?
Ele não acredita. 그는 믿지 않는다.
Ele não acredita? 그는 믿지 않나요?

② 의문사가 있는 경우는 의문사를 문장의 맨 앞에 써준다.

무엇	어떤	누구	언제	어떻게	얼마나	어디	왜
o que	que/ qual	quem	quando	como	quanto	onde	por que

O que é isso? 그것(이것)은 무엇입니까?

Que livro você tem? 당신은 어떤 책을 가지고 있습니까?

Qual é o seu nome? 당신의 이름은 무엇입니까?

Quais são os nomes deles? 그들의 이름은 무엇입니까?

Quem é o Sr. Kim? 김선생님은 누구입니까?

Quem fala português? 누가 포르투갈어를 합니까?

Quando você tem aula? 당신은 언제 수업이 있습니까?

Como você está? 당신은 어떻게 지내십니까?

Quantos livros você tem? 당신은 몇 권의 책을 가지고 있습니까?

Quantas meninas estão na sala? 교실 안에 몇 명의 소녀들이 있습니까?

Onde está o Pedro? 뻬드루는 어디에 있습니까?

Por que você não fala nada? 당신은 왜 아무 말도 하지 않습니까?

[포르투갈어 소유형용사 만들기]

	단수		복수	
1인칭	meu(s)	minha(s)	nosso(s)	nossa(s)
2인칭	teu(s)	tua(s)	vosso(s)	vossa(s)
3인칭	seu(s)	sua(s)	seu(s) /de vocês	sua(s) /de vocês
	dele/dela	dele/dela	deles/delas	deles/delas

'meu'(나의), 'seu'(당신의)와 같이 명사 앞에서 소유를 나타내는 말을 포르투갈어에서는 소유형용사라 부른다. 이때 소유 형용사는 수식하는 명사의 성·수에 따라 변화한다.

Meu amigo 나의 친구

Teu irmão 너의 형제

Minhas canetas 나의 펜들

Suas malas 당신의 여행가방들

A camisa dele 그의 셔츠

Os sapatos dela 그녀의 신발들

Nosso filho 우리의 아들

A casa deles 그들의 집

Os pais delas 그녀들의 부모님

[포르투갈어 수 읽기]

1	2	3	4	5
um/uma	dois/duas	três	quatro	cinco
6	7	8	9	10
seis	sete	oito	nove	dez
11	12	13	14	15
onze	doze	treze	quatorze/catorze	quinze
16	17	18	19	20
dezesseis	dezessete	dezoito	dezenove	vinte
30	40	50	60	70
trinta	quarenta	cinquenta	sessenta	setenta
80	90	100	200	500
oitenta	noventa	cem	duzentos/as	quinhentos/as

읽을 때는 십 자리와 단 자리, 백 자리와 십 자리 사이는 접속사 "e" 를 넣어서 읽고 천(mil) 자리와 백 자리는 "e" 없이 붙여서 읽는다. 단, 백 자리가 0인 경우와, 십 자리 및 단 자리가 0인 경우엔 접속사 "e" 를 넣어서 읽어야 한다.

21: vinte e um

57: cinquenta e sete

101: cento e um

133: cento e trinta e três

1.219: mil duzentos e dezenove

2.994: dois mil, novecentos e noventa e quatro

1.075: mil e setenta e cinco

3.700: três mil e setecentos

연습문제 A 다음 대화를 완성하세요.

(1) A: ____________________? B: Tenho vinte e um.

(2) A: Onde você mora? B: ____________________.

(3) A: ____________________? B: Sou Patrícia.

(4) A: Quem é ela? B: ____________________.

(5) A: Ela é paulista? B: Não. ____________________.

연습문제 B 다음 문장을 적절한 소유형용사를 이용하여 완성하세요.

(1) Tomás lava ____________ (ele) sapatos.

(2) Eles gostam de visitar ____________ (eu) casa.

(3) Este relógio é ____________ (tu)?

(4) ____________ (você) pais são muito simpáticos.

(5) Ela quer vender o carro ____________ (ela).

연습문제 C 다음 수를 포르투갈어로 읽어 보세요

(1) 13	(2) 67	(3) 82	(4) 55	(5) 129
(6) 293	(7) 516	(8) 314	(9) 1.431	(10) 2.015

UM POUCO DE CULTURA BRASILEIRA

이름과 호칭

브라질 사람들의 실제 이름은 매우 길다. 예를 들어, 이름이 Paulo Souza Garcia이면 Paulo는 자신의 이름, Souza는 어머니의 성, Garcia는 아버지의 성이다. 만약 이 사람이 Sandra Mendes Gomes 와 결혼해서 아들의 이름을 Rodrigo라 지으면, 전체 이름은 Rodrigo Gomes Garcia가 된다.

한편 상대방의 이름을 부를 때는 성은 빼고 이름만 부른다. 그것도 줄여서 부르는 게 일반적이다. 예를 들어, Rafael이나 Rafaela는 Rafa, Daniel이나 Daniela는 Dani, Alberto나 Roberto는 Beto라고 부른다. 또한 사회적 신분에 따라 존경심을 표현하기 위해선 Doutor(a), Professor(a)과 같은 호칭을 사용하며, 어른들에게 예의를 갖춰 부르려면 Senhor(a), Dona와 같은 호칭을 사용하면 된다.

Quando se trata de uma pessoa física (pessoa natural), o nome, ora tido como objeto de estudo da onomástica, é composto de nome, sobrenome e, em casos excepcionais, do apelido ou alcunha. Normalmente usa-se o nome em ocasiões mais informais e o sobrenome em ocasiões mais formais. Em algumas situações, como o preenchimento de documentos, usa-se o nome completo, que é formado pelo nome e pelo sobrenome. Enquanto o nome indica o indivíduo propriamente dito, o sobrenome indica a família à qual ele pertence, sendo de especial interesse para a genealogia. A composição e o uso do nome das pessoas varia de acordo com a cultura e o idioma. No Brasil, por exemplo, é muito comum usar o nome mesmo em ocasiões formais. Em várias culturas orientais, o primeiro nome é o sobrenome, sendo o segundo, o nome do indivíduo.

* <http://pt.wikipedia.org/wiki/Nome>

Sou estudante.

5강

VOCABULÁRIO

solteiro/a 명 미혼자
casado/a 명 기혼자
infelizmente 부 불행히도, 안타깝게도
pena 명 (여) 유감, 고통
trabalhar 동 일하다
ministério 명 (남) 내각, 부(部)
fazenda 명 (여) 재무, 농장
funcionário/a 명 직원
público/a 형 공공의
isso 지시대 이것, 그것
fazer 동 ~하다, 만들다
professor(a) 명 교수
universidade 명 (여) 대학교
poder 동 ~할 수 있다.
me 목적격대 나에게, 나를
apresentar 동 소개하다, 제출하다
sobre 전 ~에 대해서
família 명 (여) 가족
brasileiro/a 명 브라질인
empresa 명 (여) 기업
pai 명 (남) 아버지
advogado/a 명 변호사
mãe 명 (여) 어머니
com 전 ~와 함께
hora 명 (여) 시(時)
manhã 명 (여) 아침, 오전
sempre 부 항상
tomar 동 마시다
café 명 (남) 커피
lindo/a 형 아름다운
inteligente 형 영리한, 똑똑한
simpático/a 형 호감적인, 상냥한, 인정 많은
a gente 명 우리, 사람들
filho/a 명 아들, 딸
casal 명 (남) 한 쌍, 부부
um pouco 부 조금
tímido/a 형 소심한
mas 접 그러나
alegre 형 명랑한, 기쁜
carinhoso/a 형 사랑스러운, 귀여운
feliz 형 행복한

DIÁLOGO

SITUAÇÃO 1: 직업과 신분을 물을 때

M: Você também é solteiro?

H: Não. Infelizmente sou casado.

M: Que pena! Onde é que você trabalha?

H: Eu trabalho no Ministério da Fazenda.

M: Então, você é funcionário público?

H: É isso. E você, o que faz?

M: Sou professora universitária.

SITUAÇÃO 2: 자기 소개할 때

M: Você poderia me falar sobre você e a sua família?

H: Meu nome é Rafael Souza da Silva.
Eu sou brasileiro. Sou funcionário de uma empresa.
Eu sou de Porto Alegre, mas agora moro em São Paulo.
Meu pai é advogado e trabalha no Rio de Janeiro.
Minha mãe é dona de casa e mora com o meu pai.
Às sete da manhã, sempre tomo café com a minha esposa.
Minha esposa é muito bonita, inteligente e simpática.

A gente tem um casal de filhos. O meu filho tem quatro anos e a minha filha tem dois.
Ele é um pouco tímido e ela é muito alegre. Eles são bem carinhosos.
Sou feliz com a minha família.

APLICAÇÃO

- Qual é a sua profissão?
- O que (é que) você faz (mesmo)?

- Sou estudante.
- Sou médico.
- Sou jornalista.

- Estou desempregado.
- Estou aposentado.

- Você é gentil e simpático.
- Ela é bonita e honesta.
- Ele é uma pessoa legal.

Árvore Genealógica

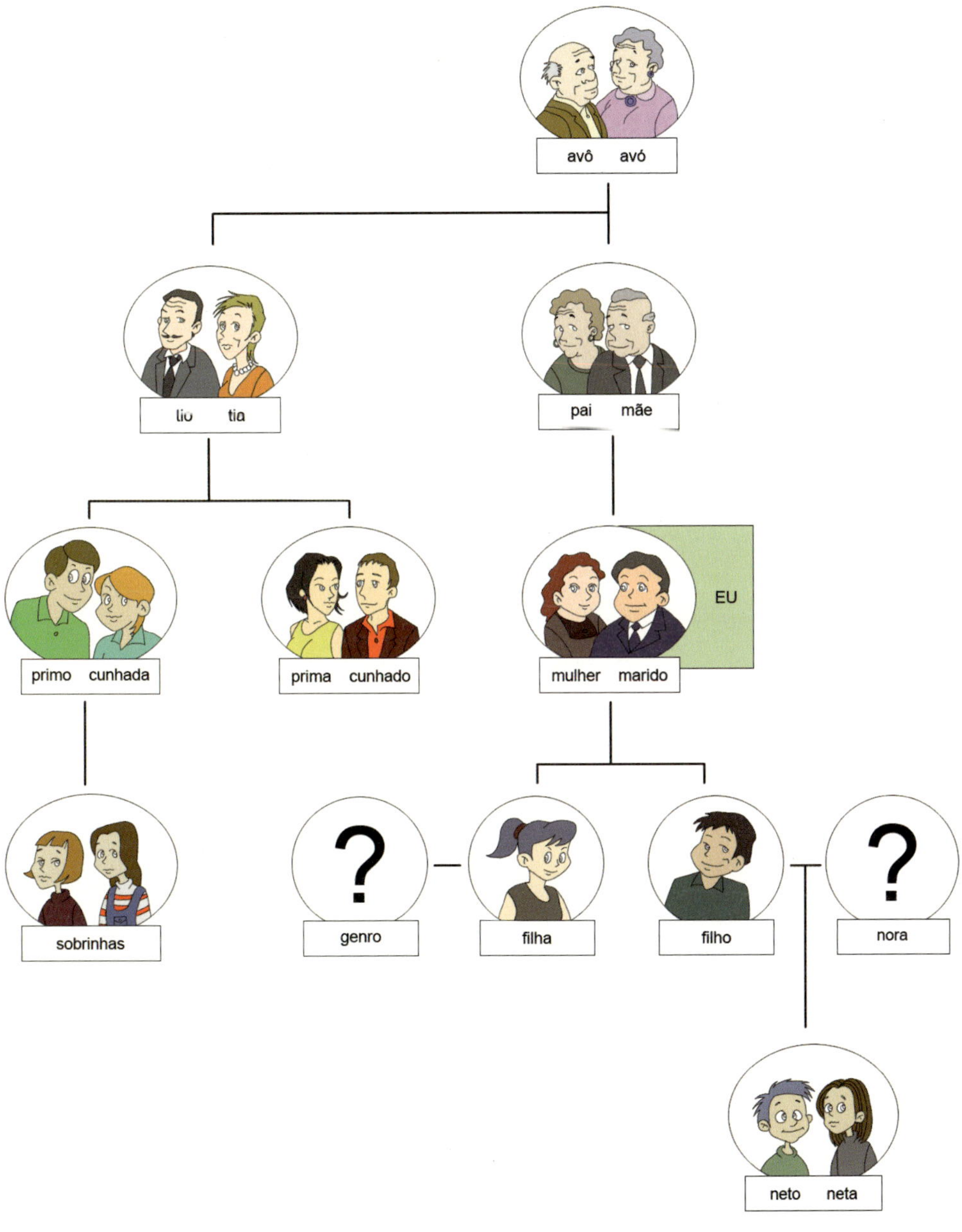

GRAMÁTICA E EXERCÍCIO

[- ar 동사의 현재 변화]

동사의 어근에 인칭과 수에 따라서 –o, -a, -amos, -am 을 붙여서 만든다.

	단수	복수
1인칭	trabalho	trabalhamos
3인칭	trabalha	trabalham

[출신을 표시하는 ser de~]

Eu sou de Porto Alegre. 나는 뽀르뚜알레그리 출신이다.
Ele é de Busan. 그는 부산 출신이다.
Nós somos do Rio de Janeiro. 우리는 리우데자네이루 출신이다.

연습문제 A 다음 동사를 문장에 알맞게 변화시키세요.

(1) Eles ___________ (morar) em São Paulo.

(2) Nós ___________ (falar) português.

(3) Maria e eu ___________ (jantar) juntos.

(4) Eu ___________ (trabalhar) nesta loja.

(5) Ela não ___________ (acreditar) nessa história.

(6) Ele ___________ (cantar) bem?

(7) Onde é que vocês ___________ (tomar) café?

(8) Eu não me ___________ (levantar) cedo.

(9) Eu não ___________ (falar) japonês.

(10) A gente não ___________ (trabalhar) aqui.

연습문제 B

다음 대화를 완성해 보세요.

(1) A: ______________________?

B: Sou professor desta universidade.

(2) A: Você é solteiro?

B: Não. ______________________.

(3) A: Seu José, o senhor é médico?

B: ______________________.

(4) A: De onde você é?

B: ______________________.

A: Então, você é carioca?

B: Sou.

(5) A: Como é que ele é?

B: Ele é ______________________.

UM POUCO DE CULTURA BRASILEIRA

주요지역 사람들의 특색

1. Paulista: São Paulo 주에 거주하는 사람으로 주로 일에 묶여 항상 바쁘며 시간에 쫓겨 산다. 더 많은 돈을 벌기 위해 바쁜 생활도 감내하며, 막상 여유가 생겨도 제대로 즐길 줄 모른다.

2. Carioca: Rio de Janeiro 시에 거주하는 사람으로 대다수 성격이 느긋하며 해변가에서 쉬는 것을 좋아한다. 유머와 농담을 즐기며 삶의 여유를 찾는다.
3. Gaúcho/a: Rio Grande do Sul 주에 거주하는 사람으로 독일, 이탈리아 등 유럽 이민자의 후손이 많이 거주 하고 있다. Churrasco라는 숯불 바비큐와 Chimarrão이라는 차를 즐겨 마신다.
4. Mineiro/a: Minas Gerais 주에 거주하는 사람들로 경우 말수가 적고, 좀처럼 진심을 들어 내지 않는다. 절약 정신이 지나쳐 구두쇠 소리도 듣는다.

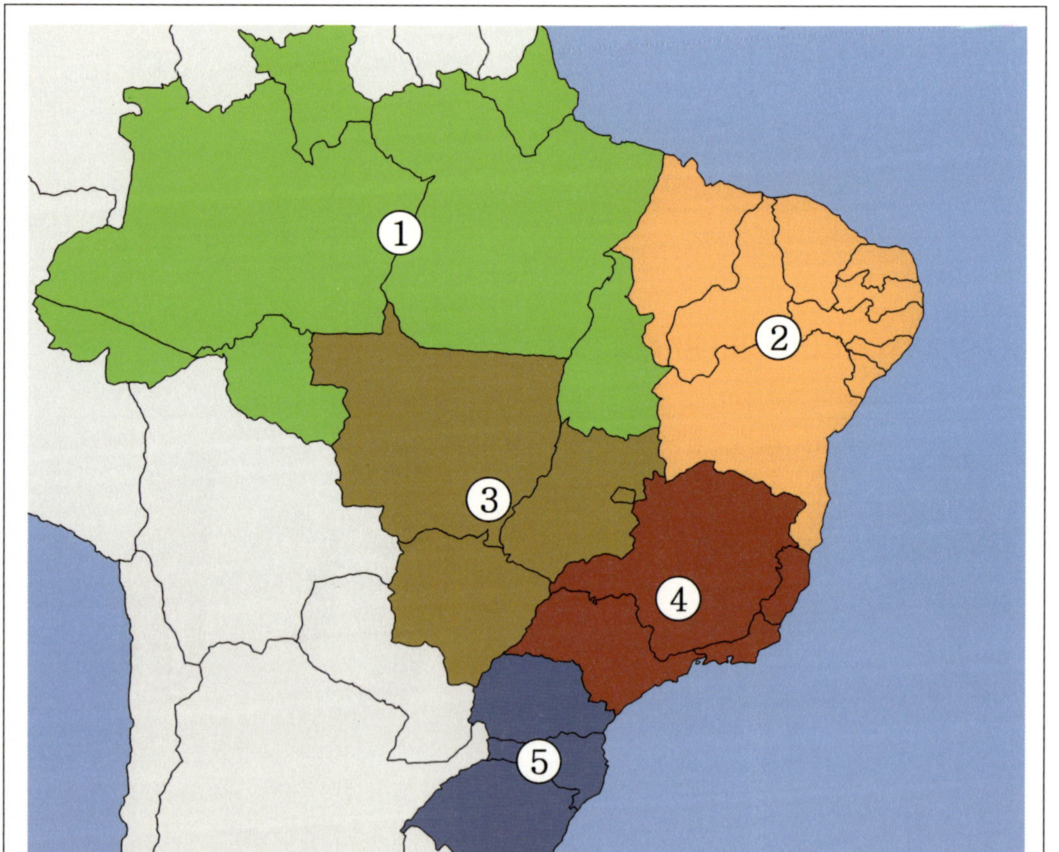

1 Norte, 2 Nordeste, 3 Centro-Oeste, 4 Sudeste, 5 Sul

- Região Norte, maior área verde do planeta, que é o Brasil do encanto e do mistério, guardando fascinação, segredos e os perigos do mundo selvagem. É formada pelos estados do Acre, Amapá, Amazonas, Pará, Rondônia, Roraima e Tocantins.
- Região Nordeste, que é a terceira maior em extensão nacional, correspondente a mais de 18% do território brasileiro. O Nordeste está dividido em nove estados: Alagoas, Bahia, Ceará, Maranhão, Paraíba, Pernambuco, Piauí, Rio Grande do Norte e Sergipe. A cana-de-açúcar e a cultura afro-brasileira são as marcas registradas da cultura nordestina.
- Região Centro-Oeste, que se compõe dos estados de Goiás, Mato Grosso e Mato Grosso do Sul e pelo Distrito Federal. É na Região Centro-Oeste que se localiza Brasília, a capital federativa do Brasil. É a segunda maior região do país e a única região brasileira que não é banhada pelo mar. O índio, o negro e o branco português formam o povo da região.
- Região Sudeste, que se compõe dos estados do Espírito Santo, Minas Gerais, Rio de Janeiro e São Paulo. A mineração e o café atraíram grande quantidade de pessoas, aumentando consideravelmente a população da região e, consequentemente, acarretando a vinda de muitos imigrantes da Europa.
- Região Sul, que é a menor das regiões brasileiras. Conta com apenas três unidades da Federação, todas elas litorâneas: Paraná, Rio Grande do Sul e Santa Catarina. Os primeiros a chegar foram os portugueses, seguidos pelos alemães, italianos, poloneses e ucranianos. Mais tarde chegaram os japoneses e holandeses em busca da terra roxa para o plantio de grãos e a criação de rebanhos.

Arlete Piai e Maria Júlia Paccini, Viajando pelo folclore de norte a sul, São Paulo: Cortez, 2004.

MERCADO MODELO

제3부(6-8강)

일상적인 대화하기

6강

Que horas são?

VOCABULÁRIO

meio/a 형 절반의
já 부 이미, 곧
fome 명 (여) 배고픔
morrer 동 죽다
jantar 동 저녁식사 하다
restaurante 명 (남) 식당
ir 동 가다
cinema 명 (남) 영화관
quando 의문부 언제
hoje 부 오늘
amanhã 부 내일
achar 동 생각하다
ótimo/a 형 최고의
aniversário 명 (남) 생일
março 명 (남) 3월
passar 동 지나가다
cerveja 명 (여) 맥주
aula 명 (여) 수업
inglês 명 (남) 영어

DIÁLOGO

SITUAÇÃO 1: 시각을 물을 때

H: Que horas são?

M: São sete e meia.

H: Já? Você não está com fome?

M: Estou morrendo de fome.

H: A gente pode jantar naquele restaurante?

M: Vamos lá!

SITUAÇÃO 2: 요일이나 날짜를 물을 때

H: Você quer ir ao cinema comigo?

M: Quero. Mas quando?

H: Que dia é hoje?

M: Hoje é sexta-feira.

H: Amanhã de manhã. O que você acha?

M: Ótimo.

SITUAÇÃO 3: 생일을 물을 때

H: Quando é o seu aniversário?

M: É dia 29 de março. Já passou.

H: Nossa! Vamos tomar uma cerveja hoje à noite?

M: A que horas?

H: Às sete da noite. Pode ser?

M: Não posso. Tenho aula de inglês das sete às nove.

APLICAÇÃO

- Tem horas?
- São dez para as nove.

- Ainda é cedo.
- Já é tarde.

- Amanhã é sábado?
- Amanhã é dia 24?

- Quando você nasceu?
- Eu nasci no dia 13 de maio.

Dias da Semana

segunda-feira
terça-feira
quarta-feira
quinta-feira
sexta-feira
sábado
domingo

Meses do Ano

janeiro	julho
fevereiro	agosto
março	setembro
abril	outubro
maio	novembro
junho	dezembro

Estações do Ano

primavera verão outono inverno

Advérbios de Tempo

ontem	de manhã
hoje	de/à tarde
amanhã	de/à noite

segunda-feira
...
domingo

GRAMÁTICA E EXERCÍCIO

[시간의 표현]

"~시 ~분입니다"라는 표현은 <ser + 시 + e + 분>의 형태로 사용한다. "~시 정각"과 "~시 반"을 나타낼 때는 각각 em ponto와 meia를 쓰면 된다. "~시 ~분전입니다"는 <ser + 분 + para + 정관사 + 시>의 형태로 표현한다. "오전의", "오후의", "밤의"라는 표현과 함께 시간을 나타내고자 할 때는 da manhã, da tarde, da noite를 쓴다.

São oito para as onze. 11시 8분 전입니다.
São duas e dez. 2시 10분입니다.
É uma hora em ponto. 1시 정각입니다.
É uma e meia. 1시 반입니다.
É meio-dia. 정오입니다.
É meia-noite. 자정입니다.
São quatro da tarde. 오후 4시입니다.
São nove da noite. 밤 9시입니다.

[날짜의 표현]

"오늘은 ~요일입니다"라는 표현은 <Hoje + ser + 요일>의 형태로 사용한다. "오늘은 ~월 ~일입니다"라는 표현은 <Hoje + ser + (dia) + 일 + de + 월>로 쓴다.

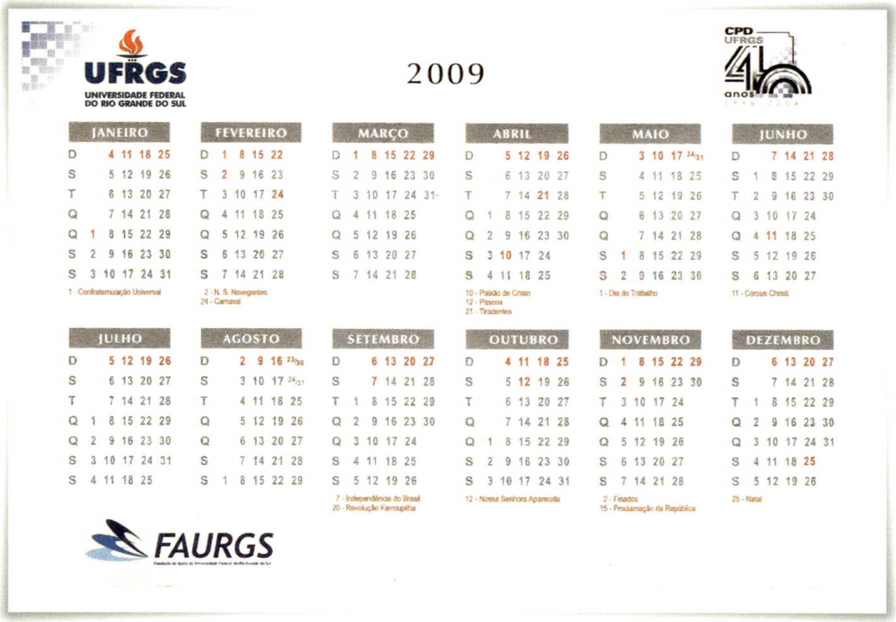

Hoje é sábado.

　　오늘은 토요일입니다.

Hoje é dia primeiro de março.

　　오늘은 3월 1일입니다.

Hoje é dia 22 de novembro de 2009.

　　오늘은 2009년 11월 22일입니다.

[Vamos + 동사 원형]

"~ 하자"라는 청유형 문장을 만들 때 사용된다. 영어의 Let's ~와 유사한 유형이며, "Vamos!"와 같이 단독으로 쓰이면 "Let's go!"의 의미이다.

Vamos acabar essa obra! 이 작업을 끝내자!

Vamos tomar café juntos? 함께 커피 마실까?

Vamos começar agora mesmo! 지금 당장 시작하자!

Vamos! 가자!

[Poder 동사]

"~ 할 수 있다" 라는 표현으로는 <poder + 동사 원형>의 형태를 사용한다. 부정형은 poder 동사 앞에 부정사 não을 넣어서 만든다.

Você pode me emprestar esse livro?
당신은 이 책을 내게 빌려줄 수 있습니까?

Nós podemos não chegar a tempo.
우리는 시간 맞춰 도착하지 못할 수 있다.

Eu não posso esquecer aquela viagem.
나는 그 여행을 잊을 수가 없다

연습문제 A

다음 시간을 포르투갈어로 표현해 보세요.

(1) 1시 정각

(2) 2시 30분

(3) 오후 5시 45분

(4) 12시 50분

(5) 아침 6시 15분

(6) 저녁 9시 20분

연습문제 B

다음의 달력을 보고 질문에 대답해 보세요.

Calendário brasileiro

janeiro 1º Confraternização universal férias escolares de verão	fevereiro Carnaval	março 21 início do outono
abril 21 Tiradentes	maio 1º Dia do trabalho Dia das mães (2º domingo)	junho 12 Dia dos namorados 21 início do inverno Festas juninas
julho férias escolares de inverno	agosto férias escolares de inverno Dia dos pais (2º domingo)	setembro 7 Dia da independência 23 início da primavera
outubro 12 Nossa Sra. da aparecida (padroeira do Brasil) Dia das crianças	novembro 2 Finados 15 Proclamação da república	dezembro 22 início do verão 25 Natal férias escolares de verão

(1) Quando começa a primavera no Brasil? ______________________

(2) Quando são as férias escolares? ______________________

(3) Quais são as principais festas no calendário? ______________________

(4) Quando é o dia das mães? ______________________

(5) Quando começam as férias de inverno no seu país? ______________

연습문제 C

다음 대화를 완성해 보세요.

(1) A: Vamos tomar um café? B: ____________________.

(2) A: Podemos jantar juntos? B: Sim, ____________________.

(3) A: ____________________? B: Ótimo.

(4) A: Você pode jantar comigo? B: Não, ____________________.

(5) A: Às seis. Pode ser? B: ____________________.

UM POUCO DE CULTURA BRASILEIRA

Manaus

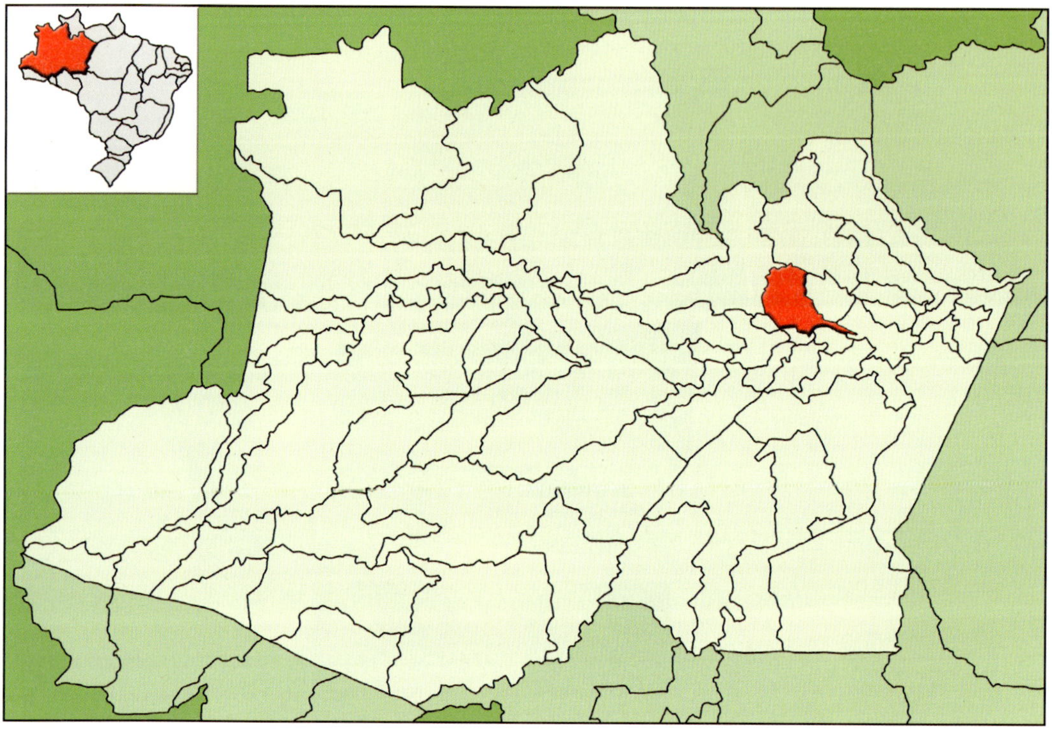

브라질 북부 Amazonas주의 주도(州都)
면적: 11,401.058 km^2
인구: 1,709,010 명
(*IBGE – 2008)

아마존은 한반도의 30배가 넘는 면적으로 전 세계 삼림의 30%를 차지하고 있는 '지구의 허파'이다. 또한 아마존 강은 유수량을 기준으로 할 때 단연 세계 제일이고, 아마존 강이 지나는 남미국가도 브라질 외에 베네수엘라, 콜롬비아, 에콰도르, 페루, 볼리비아 등 6개국에 이른다. 아마존 강 유역은 열대 우림 지역으로 수많은 열대 동식물의 낙원이다. 이러한 아마존 탐험을 위해선 Manaus로 가야 한다. Manaus는 아마존 강의 본류인 Negro 강과 Solimões 강이 합류하는 지점에 위치하고 있으며, 아마존의 관광거점이 되는 도시이다. 뿐만 아니라 1967년 2월 아마존지역 종합개발 및 고용증대를 목적으로 만들어진 자유무역지대로 브라질 북부 최대의 공업 지대이다.

Manaus está localizada próxima à Linha do Equador, na confluência dos rios Negro e Solimões. É a cidade mais populosa da Amazônia e conhecida mundialmente pelo ecoturismo e por suas indústrias.

Fundada em 1669 com o forte de São José do Rio Negro, foi elevada a vila em 1832 com o nome de Manaus, que significa "mãe dos deuses", em homenagem à nação indígena dos Manaós, sendo legalmente transformada em cidade no dia 24 de outubro de 1848 com o nome de Cidade da Barra do Rio Negro. Somente em 4 de setembro de 1856 voltou a ter o seu nome atual.

Em 1888, a exportação de borracha trouxe-lhe prosperidade, luxo e riqueza. Manaus foi a primeira cidade brasileira a receber luz elétrica, galerias pluviais, tratamento de água e esgoto, seviço de bonde elétrico, e inaugurou a sua primeira universidade em 1909. A partir de 1910, com a entrada da Ásia no mercado da borracha, Manaus entrou num amargo período de decadência e abandono. O renascimento da região aconteceu a partir do século XX com a criação da Zona Franca de Manaus.

7강 Como está o tempo hoje?

VOCABULÁRIO

tempo 명 (남) 날씨, 시간
lá 부 저기, 거기
fresco/a 형 선선한
frio/a 형 추운
quente 형 뜨거운
nem 부 ~도 아닌
aqui 부 여기
úmido/a 형 습한
de repente 부 어쩌면, 갑자기
chover 동 비 내리다.
praia 명 (여) 해변
previsão 명 (여) 예상, 예측
céu 명 (남) 하늘
parcialmente 부 부분적으로
nublado/a 형 구름 낀, 흐린
ficar 동 머무르다
mais ou menos 부 대략
semana 명 (여) 주(週)
agasalho 명 (남) 두터운 옷
resfriado/a 형 가벼운 감기에 걸린
nestes dias 부 요즘
temperatura 명 (여) 기온
instável 형 불안정한
chato/a 형 짜증나는, 재미없는, 지루한

DIÁLOGO

SITUAÇÃO 1: 날씨 얘기할 때

H: Como estava o tempo lá?

M: O tempo estava fresco. Nem frio nem quente.

H: Mas aqui tá muito úmido, né?

M: É. De repente, vai chover.

H: Será?

M: Acho que sim.

SITUAÇÃO 2: 일기예보 얘기할 때

H: Onde você vai agora?

M: Eu vou à praia com um amigo meu.

H: Você viu a previsão do tempo?

M: A previsão é de céu claro a parcialmente nublado.

H: Quanto tempo vai ficar na praia?

M: Mais ou menos uma semana.

SITUAÇÃO 3: 기온 얘기할 때

H: Você está com frio?

M: Tô. Tem algum agasalho?

H: Infelizmente não. Para mim, o tempo está bom.

M: Acho que estou resfriada.

H: Nestes dias a temperatura fica instável, né?

M: Pois é. Que chato!

APLICAÇÃO

- O tempo hoje está bom.
- Está agradável.
- Está quente/calor.
- Está fresco.
- Está frio.

- Agora está chovendo.
- Está nevando.
- Está ventando.

- Aqui está bem abafado.
- Está bem úmido.
- Está bem seco.

- Estou com frio.
- Estou com muito frio.
- Estou morrendo de frio.

- Estou com febre.
- Estou com gripe.
- Estou gripado.
- Eu peguei gripe.

GRAMÁTICA E EXERCÍCIO

[불완전 과거]

과거에 지속되거나 반복된 시간의 흐름을 표현하는 시제로 "반과거"라는 명칭으로도 불린다.

Eu tomava cafezinho naquela cafeteria.

나는 저 커피숍에서 커피를 마시곤 했다.

Ele fumava muito mas agora não fuma mais.

그는 담배를 많이 피웠었지만 지금은 더 이상 피우지 않는다.

Ela bebia bem quando tinha 20 anos.

그녀는 20살 때 술을 잘 마셨었다.

[Ir + 동사원형]

가까운 미래나 의지미래를 나타낸다. 주로 "~하겠다", "~할 것이다" 등의 의미가 된다.

Eu vou tomar banho.
나는 목욕을 할 것이다.

Ele vai visitar ela hoje à noite.
그는 오늘 밤 그녀를 방문을 할 것이다.

Acho que vai esfriar.
추워질 거라고 생각한다.

Eles vão terminar o trabalho ainda hoje.
그들은 오늘 중으로 일을 끝낼 것이다.

[Estar com + 추상명사]

감정이나 신체의 상태를 나타낼 때 쓰는 표현으로, <ter + 추상명사>와 같은 의미로 쓰인다. 다만, <estar com + 추상명사>는 일시적인 상태를 나타내는 경우에 사용하고, <ter + 추상명사>는 지속적이고 습관적인 상태를 나타낼 때 사용한다.

Estou com frio. 나는 춥다.
Estou com calor. 나는 덥다.
Estou com sono. 나는 졸린다.
Estou com medo. 나는 무섭다.
Estou com pressa. 나는 급하다.
Estou com raiva. 나는 화가 난다.
Estou com fome. 나는 배고프다.
Estou com sede. 나는 갈증 난다.
Estou com sorte. 나는 운이 좋다.
Estou com preguiça. 나는 귀찮다.
Estou com vontade de... 나는 ... 하고 싶다.
Estou com dor de cabeça. 나는 머리가 아프다.

Estou com enxaqueca. 나는 편두통이 있다.
Estou com dor de estômago. 나는 배가 아프다.
Estou com dor de barriga. 나는 배가 아프다.
Estou com dor de dente. 나는 이가 아프다.
Estou com dor de ouvido. 나는 귀가 아프다.
Estou com dor de garganta. 나는 목이 아프다.

[Estar morrendo de + 동사원형]

현재 진행형으로 "~ 해서 죽겠다" 라는 의미
Estou morrendo de rir. 나는 웃겨 죽겠다.
Estou morrendo de fome. 나는 배고파 죽겠다.

진행중인 동작을 표현할 때는 진행형을 사용하는데 estar 동사에 현재분사를 붙여서 만든다.

Estamos falando de você. 우리는 당신에 대해 얘기하고 있다.
Você está ouvindo música? 당신은 음악을 듣고 있습니까?
Eles estão lendo livros. 그들은 책을 읽고 있다.
Ela estava cantando alto. 그녀는 크게 노래하고 있었다.

연습문제 A

다음 상황에 맞는 대화를 만들어 보세요.

(1)

(2) 

(3) 

(4) 

연습문제 B

다음 동사를 문장에 알맞게 변화시키세요.

(1) Quando casaram, eles ainda ___________ (ser) jovens.

(2) Antigamente eu ___________ (pôr) uniforme na escola.

(3) A gente ___________ (vir) aqui aos sábados.

(4) Você ___________ (estar) doente ontem?

(5) Enquanto ela ___________ (dormir), nós ___________ (trabalhar).

UM POUCO DE CULTURA BRASILEIRA

Salvador

브라질 북동부 Bahia
주의 주도(州都)
면적: 706.799 km²
인구: 2,948,733 명
(*IBGE – 2008)

브라질에서 세 번째로 큰 도시로, 16-18세기까지 브라질의 수도였던 Salvador는 포르투갈인들이 이곳을 정복했던 당시의 모습을 지금까지 고스란히 간직하고 있는 곳이다. 사탕수수 농업을 위해 아프리카에서 끌려온 1,558명의 흑인 노예들이 최초로 도착한 곳이자 처음으로 노예 시장이 열렸던 곳이기도 하다. 이 때문에 오늘날까지 이곳에는 흑인이 많으며, 남아메리카에서도 흑인 문화의 영향을 가장 많이 받은 지역으로 손꼽힌다. Salvador 시내의 Pelourinho 광장은 1980년 유네스코 세계유산으로 등재되었다. 원래 'pelourinho'라는 단어는 죄인들을 묶어두고 형벌을 가하기 위해 광장 중앙에 설치된 돌기둥을 뜻하는 말이었는데, 식민시대 Salvador의 이 곳은 주로 노예들에게 채찍질을 가하는 장소로 사용되었다. 1888년 황금법(Lei Áurea)의 선포로 노예제도가 폐지된 이후 영화, 음악, 미술 등 다양한 장르의 브라질 흑인 문화예술을 대표하는 문화의 중심지로 자리매김하게 되었다.

Fundada em 1549, Salvador foi a primeira capital do Brasil, com centenas de igrejas barrocas que encantam igualmente a arquitetos e fiéis de todas as religiões. A cidade inclui o Centro Histórico de Salvador, dentro do qual está o Pelourinho, um local repleto de construções coloniais de diferentes tons de cor. Por todo o valor histórico-cultural, atualmente o nome consta no Registro Histórico Nacional e é chamado de Centro Cultural do Mundo pela UNESCO, e ainda, a UNESCO certificou esse sítio histórico como Patrimônio da Humanidade.

A população negra é maioria e orgulhosamente mantém as suas tradições e os seus cultos religiosos. Ao som dos tambores do Olodum e da Timbalada, a capital baiana é o principal palco da cultura afro-brasileira e sede do maior carnaval de rua do país.

8강

Alô, quem fala?

VOCABULÁRIO

falar 동 말하다
aí 부 거기
só 부 단지
consultório 명 (남) 진료소, 상담소
Dr(a).= doutor(a) 명 박사
acabar de 동 막 ~하다
sair 동 나가다
querer 동 원하다
deixar 동 놔두다, 남기다
recado 명 (남) 메모
ligar 동 전화하다, 켜다
mais 부 더
tarde 부/명 (여) 늦게/오후
engano 명 (남) 잘못, 실수
linha 명 (여) 라인, 선
ocupado/a 형 바쁜
pressa 명 (여) 급함
ter que 동 ~해야만 한다
embora 부 밖으로
cadê 부 어디 있어?
orelhão 명 (남) 공중전화
próximo/a 형 가까운
celular 명 (남) 휴대폰
perder 동 잃어버리다
bateria 명 (여) 배터리

DIÁLOGO

SITUAÇÃO 1: 아는 사람과 전화할 때

M: Alô?

H: Quem fala?

M: É a Bianca.

H: Oi, Bianca. Aqui é o Paulo. Tudo bom?

M: Oi, Paulo. Como é que tá?

H: Bem. Bianca, o seu Rafael tá aí?

M: Tá. Só um pouquinho.

SITUAÇÃO 2: 모르는 사람과 전화할 때

M1: Consultório do Dr. Renato. Bom dia.

M2: Bom dia. Poderia falar com a Juliana?

M1: Quem gostaria?

M2: Aqui é Maria, a irmã dela.

M1: Ela acabou de sair para almoçar. A senhora quer deixar um recado?

M2: Não, obrigada. Eu ligo mais tarde, tá?

M1: Tá. Até logo.

SITUAÇÃO 3: 전화 잘못 걸었을 때

H: Alô?

M: Quem tá falando?

H: É o Marcos.

M: Desculpe. Foi engano.

SITUAÇÃO 4: 공중전화 찾을 때

H: Aonde você vai com tanta pressa?

M: Estou indo telefonar. Onde fica o orelhão mais próximo?

H: É logo ali na esquina. Mas cadê o teu celular? Perdeu?

M: Não, está sem bateria.

APLICAÇÃO

- Quem fala?
- Quem está falando?
- Com quem eu falo?

- Aqui é o Bruno.
- Aqui fala o Bruno.
- É ele/ela mesmo/a.
- Sou eu.

- O professor Kim está aí?
- Poderia falar com o Dr. Lee?
- Eu queria falar com o Dr. Park.
- Eu gostaria de falar com a Sra. Choi.

- Você pode falar mais uma vez?
- Você pode falar mais alto?
- Você pode telefonar mais tarde?
- Você pode ligar de novo à noite?

- Caiu a linha.
- Ninguém atende.
- Não consigo ouvir direito a sua voz.
- Infelizmente ele não pode atender agora.
- Não está dando sinal (de discagem).

GRAMÁTICA E EXERCÍCIO

[Acabar de + 동사원형]

"지금 막 ~하다"라는 동작의 완료적 의미를 표현하는 방법이다.

O avião acabou de chegar ao Aeroporto Internacional de Guarulhos. 비행기가 과룰류스 국제공항에 막 도착했다.

Acabei de terminar meu trabalho. 나는 내 일을 막 끝냈다.

Eles acabaram de sair. 그들은 막 나갔다.

[Ter que + 동사원형]

"~해야 한다" 라는 의무나 책임감을 표시하기 위해서 사용되는 표현이다.

Tenho que partir agora mesmo. 바로 지금 출발해야 한다.

Você tem que acabar a tarefa antes de partir.

당신은 출발하기 전에 일을 끝내야 한다.

연습문제

다음의 주어진 단어를 이용하여 대화문을 만들어 보세요.

(1) bom dia / Consultório ABC / não foi nada / desculpe / engano

(2) alô / ele mesmo / Luíza / o Sr. Roberto / poderia falar com / quem fala

(3) alô / então / acabar de / a Helena está / sair / mais tarde / ligar

UM POUCO DE CULTURA BRASILEIRA

Orixás

Iansã

Iemanjá

Ogum

Oxum

Xangô

Candomblé

전통적인 아프리카 종교에 로마 가톨릭과 남아메리카 원주민 문화가 혼합된 아프리카계 브라질 종교로, Rio de Janeiro의 Macumba, Alagoas와 Pernambuco의 Xangô와 같이 지역별로 여러 종파로 나뉘어진다. 주로 북동부 Bahia 지방을 중심으로 브라질 전체 인구의 1.5%에 해당하는 3백만 명의 Candomblé 신도가 있는 것으로 집계되고 있다. 하지만 몇몇 아프로-브라질 문화 단체의 비공식적인 통계에 따르면, 전국적으로 약 7천만 명에 달하는 사람들이 Candomblé 종교의식에 정기 혹은 비정기적으로 참여하고 있는 것으로 추산되고 있다. 'Terreiro'라고 불리는 제의(祭儀)장에서 동물 제물(수탉 등) 및 영적 제물(촛불, 담배, 꽃 등)과 함께 제의 춤을 통해 이루어지는 Candomblé 종교의식은 빙의현상(憑依現象)을 통해 신령한 영과 교통하는 매개자에 의해 인도된다. 이와 같이 샤머니즘적인 성격을 띠고 있기 때문에 가톨릭 교회로부터 배척을 당하기도 했지만, 십자가를 사용하고 로마 가톨릭 성인들에게 아프리카식 이름을 붙여 숭배하는 등 가톨릭 문화와의 융화로 대중적인 호소력을 지니게 되었다. Candomblé 의식을 행할 때는 머리부터 발끝까지 흰색 옷감을 사용한 의상을 착용하는데, 이 같은 풍습이 널리 퍼져 오늘날에는 신도가 아닌 브라질 사람들도 새해 첫날이나 중요한 행사가 있을 때 흰색 옷을 즐겨 입는다.

O sincretismo baiano mescla o candomblé africano e os rituais cristãos. Para driblar a proibição imposta pelos senhores à sua religião, os escravos adoravam os seus deuses "disfarçando-os" em imagens dos santos católicos. Nos terreiros, eles eram os orixás. Hoje, nas missas de muitas igrejas ecoam atabaques. Exemplo disso é o culto ao Nosso Senhor do Bonfim, quando, uma vez por ano, os devotos louvam os deuses africanos e os santos cristãos.

O culto acontece nos terreiros. São residências comuns que abrigam homens e orixás e onde o cotidiano dos mortais se mistura aos rituais para os deuses.

O candomblé adota rituais e pressupõe o uso de forças sobrenaturais. Seus deuses, os orixás, são ancestrais de clãs africanos, divinizados há mais de 5 mil anos. Acredita-se que eram capazes de manipular as forças da natureza.

COLON
RENT A CAR
10x

제4부(9-10강)

주말 즐기기

9강 Você gosta de filmes?

VOCABULÁRIO

de vez em quando 부 가끔
pelo menos 부 적어도
mês 명 (남) 월(月)
filme 명 (남) 영화
preferido/a 형 선호하는
romântico/a 형 로맨틱한
gostar (de) 동 좋아하다
preferir 동 선호하다
ver 동 보다
terror 명 (남) 공포
assistir (a) 동 보다, 참가하다, 도와주다
sábado 명 (남) 토요일
começar 동 시작하다
sessão 명 (여) 회(會)
durar 동 지속되다
dar 동 주다
ingresso 명 (남) 입장권
música 명 (여) 음악
adorar 동 매우 좋아하다
fim de semana 명 (남) 주말
ouvir 동 듣다
tipo 명 (남) 종류
parecer 동 ~인 것 같다
favorito/a 형 가장 좋아하는

DIÁLOGO

SITUAÇÃO 1: 영화에 대해 물을 때

H: Você vai ao cinema de vez em quando?

M: Pelo menos duas vezes por mês.

H: Qual é o seu tipo de filme preferido?

M: É filme romântico. E você?

H: Eu também gosto do romântico mas eu prefiro ver filmes de terror.

M: Ah é? Vamos assistir a um filme de terror neste sábado?

H: Sim, vamos.

SITUAÇÃO 2: 영화관에서 표를 구입할 때

H: A que horas começam as próximas sessões deste filme?

M: Começam às sete e às nove e meia.

H: Quanto tempo dura?

M: Mais ou menos duas horas.

H: OK. Me dê dois ingressos para as sete, por favor.

M: Sim, senhor. São vinte reais.

SITUAÇÃO 3: 음악에 대해 물을 때

H: Você gosta de música?

M: Adoro. No fim de semana, eu sempre vou no bar para ouvir música.

H: De que tipo de música você gosta mais?

M: Eu gosto de bossa nova. Parece um canto falado.

H: Qual é a sua música favorita?

M: É "Garota de Ipanema" do Tom Jobim.

APLICAÇÃO

- Você gosta de filmes?
- Você prefere ver peças?
- Você adora música?
- Como foi esse filme?
- Você gostou dessa peça?

- Normalmente vou ao cinema no sábado.
- Muitas vezes vou ao teatro com a minha irmã.
- Às vezes você ouve música?

- A que horas começa o filme?
- Quanto tempo dura a peça?

GRAMÁTICA E EXERCÍCIO

[Gostar de + 동사원형/ 명사]

"~ 하는 것을 좋아하다"와 같은 의미를 나타내는 관용적 표현이다.

Eu gosto de jogar futebol. 나는 축구하는 것을 좋아한다.

Nós gostamos de música. 우리는 음악을 좋아한다.

Você gostou de falar com ela?

당신은 그녀와의 대화를 좋아했습니까?

Eles não gostam de estudar. 그들은 공부하기를 좋아하지 않는다.

연습문제 "Gostar de"를 이용해서 다음 그림에 맞는 상황을 만들어 보세요.

(1)

(2) 

(3) 

(4) 

UM POUCO DE CULTURA BRASILEIRA

브라질 영화와 음악

브라질은 대다수의 다른 국가들과 마찬가지로 주로 미국계 대형엔터테인먼트사가 영화시장을 독점하고 있다. 이들은 대규모 쇼핑센터와 결합한 멀티플렉스 형태의 Cinemark, UCI, Hoyts와 같은 대형 영화체인을 운영하고 있으며, 비디오·DVD 대여점의 경우에도 Blockbuster, Abril 등 2-3개사의 체인점이 시장을 장악하고 있다. 그러나 사실 브라질은 전통적인 영화강국으로, 1960년대 제3세계의 전위적 미학을 카메라에 담은 'Cinema Novo' 운동을 통해 미국·유럽 중심의 세계 영화계에 신선한 충격을 던져줬고, 1970년대 중반-1980년대 중반 브라질 영화는 정부의 지원을 바탕으로 30% 안팎의 안정적인 국내시장 점유율을 보이며 미국과 유럽에 상당수의 영화를 수출하기도 했다. Cinema Novo의 미학을 바탕으로 영화산업의 전성기를 맞이했던 브라질 영화는 주로 농촌 문제와 농민, 빈곤 등 사회 문제에 보다 큰 관심을 기울여 왔다.

영화와 더불어 브라질의 대표적인 문화산업으로 손꼽히는 장르는 음악이다. 그 중 'Bossa Nova'는 Samba에 모던재즈의 감각이 가미되어 1950년대 후반부터 보급된 브라질의 대표적인 음악 장르이다. Bossa Nova 음악가 가운데 세계적으로 가장 많이 알려진 음악인으로는 Antônio Carlos Jobim(일명 'Tom Jobim')을 들 수 있다. 그가 작곡한 노래들 가운데 7곡이 100만장 이상의 판매를 기록했고, 그 가운데 Jobim이 작곡하고 Vinícius de Moraes가 작사한 <이빠네마의 소녀>('The girl from Ipanema' — 원제: 'A Garota de Ipanema')라는 곡은 지금까지 전 세계에서 400만장이 팔렸다. 흔히들 얘기하기로, Bossa Nova 음악은 상당히 단순한 듯 보이지만 그 사이사이 살아있는 듯한 멜로디를 품고 있다고 한다. 말하자면, 그 단순함 뒤에는 상당히 복잡하고 정교한 그 무언가가 존재한다는 것이다. 실제로, Bossa Nova는 단순한 대화체의 가사로 일상생활과 연관된 주제를 잔잔하게 그려내면서도 그 깊고 풍부한 선율을 통해 내면적인 감성을 담아낸다. Samba, Bossa Nova와 같이 풍부한 음악적 전통을 바탕으로 브라질 현대 음악은 옛 것과 현대적인 것, 이국적인 요소와 전통적인 요소의 끊임없는 융합을 통해 새로운 형식의 음악을 탄생시키며 발전하고 있다.

Em qualquer lugar, sempre que se fala ou que se pensa no Brasil, antes de qualquer imagem, antes mesmo de se imaginar o sol, as praias, as morenas, o carnaval, o futebol ou outros elementos da cultura brasileira, pensa-se num som, num ritmo, que pode ser um samba suingado ou uma bossa nova cool e elegante. O nome do Brasil é associado primeiro à música porque esta é a maior contribuição brasileira à beleza e alegria do mundo. Ela se tornou nossa exportação mais bem acabada, consumida e desejada e, principalmente, tem uma participação tão intensa e íntima na vida dos brasileiros que se pode contar a história do Brasil moderno pela história da sua música popular. Melodias e letras testemunharam cada época, cada crise, cada momento do passado, mostrando com grande talento e precisão como os brasileiros se sentiam. Então, a música popular conta histórias dos sentimentos dos brasileiros.

10강 O que você vai fazer neste domingo?

VOCABULÁRIO

domingo 명 (남) 일요일
saber 동 알다
brincar 동 놀다, 장난치다
jogar 동 경기하다
ideia 명 (여) 생각
jogo 명 (남) 경기
pegar 동 픽업하다, 잡다
esperar 동 기다리다, 기대하다
frente 명 (여) 앞
daqui a pouco 부 잠시 후에
gelado/a 형 언, 차디찬
dormir 동 자다
diminuir 동 감소하다
volume 명 (남) 볼륨
contra 전 반(反)하여
placar 명 (남) 점수, 점수판
maravilha 명 (여) 경탄, 대단함
gol 명 (남) 골
faltar 동 모자라다
minuto 명 (남) 분
quase 부 거의
preparar 동 준비하다
festa 명 (여) 파티

DIÁLOGO

SITUAÇÃO 1: 주말 약속할 때

H1: O que você vai fazer neste domingo?

H2: Ah, sei lá. Vou ficar em casa assistindo TV.

H1: Que tal jogar uma bola com os meus amigos?

H2: É uma boa ideia. A que horas começa o jogo?

H1: Às onze e meia. Eu pego você às dez e meia.

H2: Tá bom. Então, eu espero você na frente da minha casa.

SITUAÇÃO 2: TV 시청할 때

H: Maria, o jogo passa na TV?

M: Não sei, mas acho que passa.

H: Quando começa? Já começou?

M: Deixa eu ver... Já começou.

H: Vou pegar uma cerveja bem gelada. Você também quer tomar?

M: Não quero, não. Quero dormir um pouco. Você baixa o volume depois?

H: Tá bom.

SITUAÇÃO 3: 축구 보며 얘기할 때

M: O Brasil joga contra a Argentina? Como está o placar?

H: Três a um para o Brasil.

M: Que maravilha! Quem fez o gol?

H: Dois gols do Kaká e um gol do Ronaldinho.

M: Quanto tempo falta para acabar o jogo?

H: Só três minutos. Quase acabou. Vamos fazer uma festinha.

M: Vamos.

APLICAÇÃO

- Você está livre no fim de semana?
- Posso encontrar você no sábado?
- Eu quero ver você no domingo.

- Que tal jogar basquete no parque?
- Você pode jogar vôlei na praia?
- Você sabe jogar boliche?

- Vamos ligar a TV para ver o jogo.
- Posso aumentar o volume do rádio?
- Você pode diminuir o volume mais um pouco?
- Vamos desligar a TV para dormir.

- Daqui a pouco, passa a novela no SBT.
- Depois da novela, começa o jogo na Globo.

- Quem está ganhando o jogo?
- O jogo empatou em um a um.
- O Grêmio ganhou o jogo por dois a um.

GRAMÁTICA E EXERCÍCIO

[동시동작 "~하면서"]

동시동작이나 부대상황은 영어와 마찬가지로 포르투갈어에서도 현재분사를 이용해서 표현한다. 현재분사는 동사의 어미 –ar/ -er / -ir 에 따라서 각각 –ando/ -endo / -indo의 형태로 어미가 변한다.

Ele sempre come falando. 그는 항상 말하면서 먹는다.

Eles estudaram ouvindo música.
그들은 음악을 들으면서 공부했다.

Não posso me concentrar falando com você.
나는 당신과 얘기하면서는 집중할 수 없다.

[-ar 동사의 완전과거 변화]

	단수	복수
1인칭	trabalhei	trabalhamos
3인칭	trabalhou	trabalharam

Já começou a aula. 이미 수업 시작했다.

Ele dormia quando eu entrei na sala.
내가 방에 들어갔을 때 그는 자고 있었다.

Eles estavam assistindo TV quando eu fechei a porta.
내가 문을 닫았을 때 그들은 TV를 보고 있었다.

Eles estudaram com afinco e passaram no exame com grande sucesso. 그들은 열심히 공부하여 성공적으로 시험에 합격했다.

[Deixar 동사]

사역동사로 "~하도록 하다, 놔두다"라는 의미로 사용된다.

Me deixe em paz. 나를 편히 놔두세요.

Deixa eu ver. 내가 보게 놔둬. / 내가 한번 볼게.

Minha mãe não deixa eu assistir TV.

나의 엄마는 내가 TV 보도록 하지 않는다.

Vou deixar você saber tudo. 나는 당신이 전부 알도록 하겠다.

연습문제 A

다음 주어진 동사를 완전과거로 변화시켜 보세요.

(1) Eu ___________ (encontrar) a Maria ontem.

(2) Quando ___________ (começar) o jogo?

(3) Já ___________ (passar) muito tempo?

(4) Vocês ___________ (convidar) colegas para o almoço de domingo?

(5) Eu ainda não ___________ (acabar) tudo.

(6) Nós ___________ (achar) muito interessante.

(7) Eles ___________ (empatar).

(8) Quem ___________ (ganhar)?

(9) Roberto ___________ (jogar) muito bem.

(10) O juiz ___________ (apitar) errado.

연습문제 B

다음의 그림을 이용하여 주말 계획을 이야기해 보세요.

(1) ir à feira

(2) ir à praia

(3) ir ao parque

(4) ir ao shopping

UM POUCO DE CULTURA BRASILEIRA

Clubes de Futebol do Brasil

SP	São Paulo	Corinthians	Palmeiras	Santos
RJ	Flamengo	Fluminense	Botafogo	Vasco
RS	Grêmio	Internacional		
MG	Cruzeiro	Atlético Mineiro		

축구 이야기

월드컵에서 다섯 번이나 우승한 나라는 전 세계에서 브라질이 유일하다. 브라질 남자치고 축구 싫어하는 사람 없으며 각 개개인은 모두 축구전문가라 해도 과언이 아니다. 축구장이란 인종차별이 없는 곳으로 가난을 탈피할 수 있는 수단인 동시에 희망이다. 축구스타들은 자신들의 전성기에 대부분 유럽리그로 진출하여 부와 명예를 한번에 얻는다. 브라질에서 축구는 일반인의 삶과 가장 밀접하게 연결되어 있는 스포츠이고 특기이며 취미이다.

축구리그는 주챔피언쉽(Campeonato Estadual), 브라질컵(Copa do Brasil), 브라질챔피언쉽(Campeonato Brasileiro), 남미컵(Copa Sul-Americana), 리베르따도리스컵(Taça Libertadores da América)을 1년 내내 치룬다. 브라질 내에서 가장 큰 브라질챔피언쉽이 끝나면 매년 1부 리그 20팀 중 하위 4팀이 2부 리그로 강등되고, 2부 리그 20팀 중 상위 4팀은 1부 리그로 승격된다.

A paixão pelo futebol não é exclusividade brasileira. Muitos outros povos a compartilham com tanto entusiasmo ou fanatismo quanto os dos torcedores que lotam os estádios de São Paulo. Hoje o futebol se tornou elemento de identidade, expressão de cultura, metáfora da potencialidade do povo e da nação.

Segundo a Confederação Brasileira de Futebol, a CBF, há oitocentos clubes no país, 13 mil times amadores e mais de trezentos estádios; calcula-se que 30 milhões de pessoas pratiquem o esporte que movimenta 32 bilhões de dólares anuais. A língua portuguesa falada no Brasil traz diversos testemunhos dessa presença: mesmo quem nunca assistiu a uma partida usa recorrentemente expressões como “pendurar a chuteira”, “pisar na bola” ou “tirar o time de campo”.

CHEGOU BRAHMA
vivo vivo vivo

제5부(11-12강)
식사하기

11강 Quero tomar alguma coisa.

VOCABULÁRIO

recomendar 동 추천하다
barato/a 형 싼
chinês(a) 형 중국의
experimentar 동 먹어보다, 경험해 보다
comida 명 (여) 음식
típico/a 형 전통의, 전형적인
ontem 부 어제
reserva 명 (여) 예약
reservado/a 형 예약된
certo 형/부 정확한, 옳은, 확실한/확실히
algum(a) 형 어떤
chope 명 (남) 생맥주
batata 명 (여) 감자
frito/a 형 튀긴
pedir 동 요구하다
ovo 명 (남) 달걀

DIÁLOGO

SITUAÇÃO 1: 식당 추천할 때

H: Poderia me recomendar um restaurante bom e barato?

M: Que tipo de restaurante você quer?

H: Hoje eu quero um restaurante chinês. É mais barato.

M: Que tal experimentar uma comida típica?

H: Ontem já fui a uma churrascaria.

M: Ah, tá. Eu conheço um restaurante chinês na Getúlio Vargas. Podemos ir para lá.

H: Então, tá. Vamos!

SITUAÇÃO 2: 식당 예약할 때

H: Restaurante "Bar do Beto", boa tarde.

M: Boa tarde. Eu queria fazer uma reserva.

H: Sim senhora. Para que horas?

M: Às oito horas da noite.

H: Quantas pessoas?

M: Quatro.

H: Seu nome, por favor?

M: É Ana Paula.

H: Ana Paula … Está reservado, Sra. Ana Paula. São quatro pessoas para as oito da noite.

M: Tá certo. Obrigada.

H: Obrigado. Até mais.

SITUAÇÃO 3: 간이식당에서 뭘 먹을 지 얘기할 때

H: Você não está com fome?

M: Não. Só quero tomar alguma coisa.

H: O que você quer tomar?

M: Deixa eu ver... Um chope bem gelado.

H: Quer uma batata frita?

M: Ah, eu quero. E você? O que é que vai pedir?

H: Eu quero um xis salada com ovo e um guaraná zero.

APLICAÇÃO

- Poderia me recomendar um restaurante coreano?
- Eu quero ir num restaurante japonês.
- Eu quero conhecer um restaurante típico da região.

- A que horas abre o restaurante?
- Eu quero fazer uma reserva para amanhã às oito.
- Tem estacionamento no restaurante?

- Vamos comer naquela lanchonete.
- Você quer um misto quente?
- Eu quero um cachorro quente.
- Agora só quero comer uma coisa leve.

GRAMÁTICA E EXERCÍCIO

[간접목적격 대명사]

"~에게"라는 의미로 인칭과 수에 따라서 아래와 같이 다른 형태를 취한다. 브라질 포르투갈어에서는 대부분 동사 앞에 위치한다.

	단수	복수
1인칭	me	nos
2인칭	te	-
3인칭	lhe	lhes

* 한편 3인칭 lhe(s)의 경우, 실제 회화에서는 para você(s), para ele(s), para ela(s) 라고 말하는 것이 일반적이다.

Ele me mostrou a casa dele. 그는 나에게 그의 집을 보여주었다.
Vou te perguntar. 내가 너에게 질문하겠다.

Você já nos deu muitas coisas.
당신은 이미 우리에게 많은 것을 주었다.

연습문제 A

간접목적격대명사를 이용하여 다음 문장을 완성해보세요.

(1) Eles ___________ recomendaram este restaurante.

(2) Vou ___________ mostrar as minhas fotos da viagem.

(3) Eu ___________ agradeço pela sua ajuda.

(4) Você poderia ___________ passar o seu número de telefone?

(5) Ela vai ___________ visitar e nós queremos ___________ dar um presente maravilhoso.

연습문제 B

다음의 주어진 표현으로 대화를 완성하세요.

comidas você quer / experimentar a cerveja típica daqui / pedir um sanduíche / tomar um café / trazer mais um talher

(1) Poderia me ___________________________________?

(2) Que tal ___________________________________?

(3) Eu gostaria de ___________________________________.

(4) Não quer ___________________________________?

(5) Que tipo de ___________________________________?

UM POUCO DE CULTURA BRASILEIRA

브라질의 커피

브라질은 전 세계에서 미국 다음으로 커피를 선호하고 많이 마시는 국가이다. 또한 브라질은 '브라질=커피'를 떠올릴 정도로 자타가 공인하는 세계 제1의 커피생산국이기도 하다. 실제로 커피는 브라질 사람들에게 있어서 없어서는 안될 에너지원이기도 하면서 의사소통의 상징적인 매개체이자 19세기 브라질 경제 성장의 역군으로 남아메리카 최대의 경제도시 São Paulo가 오늘날과 같은 대도시로 발전하는 데 있어서 가장 큰 원동력을 제공한 일등공신이기도 하다. 그러나 사실 브라질이 이렇듯 커피 명가(名家)로 명성을 떨칠 수 있게 된 데에는 남모를 노력이 숨어있다. 브라질에서 커피가 재배되기 시작한 것은 18세기 중반부터로 인도네시아를 비롯한 초창기 커피 재배국들이 17세기 말부터 커피를 생산했다는 점을 감안한다면 상당히 늦은 셈이었다. 이처럼 커피가 뒤늦게 재배되기 시작한 것은 당시만 해도 커피가 고소득을 보장하는 황금작물이었기 때문에 생산국들마다 커피나무의 국외이전을 엄격히 제한했기 때문이었다. 그럼에도 불구하고 브라질이 커피나무를 국내에 들여오고 커피생산 및 수출 대국으로 발돋움하게 된 것은 1727년 브라질 Maranhão주의 육군상사 Francisco de Melo Palheta가 기아나에서 총독 부인의 환심을 사 그 도움으로 몰래 커피 나무 씨 몇 알과 5그루의 어린 묘목을 브라질에 들여온 덕분이었다. 이렇게 어렵사리 들여온 탓인지 브라질 사람들은 커피를 굉장히 소중하게 여기고 커피 한잔을 걸러 내는데 있어서도 커피의 풍미를 최대한 즐기기 위한 각자 나름대로의 노하우를 지니고 있다. 브라질 사람들이 커피를 즐기는 데 있어서 가장 중요시 여기는 공통적인 기준을 꼽으라고 한다면, 프랑스의 외교관이자 작가 탈레랑(Talleyrand, 1754-1838)의 시 「커피예찬」에 나오는 '커피는 악마처럼 검어야 하고, 지옥처럼 뜨거워야 하며, 천사처럼 순수해야 하고, 사랑처럼 달콤해야 한다'라는 표현보다 더 적절한 설명은 없을 것이다. 이 말처럼, 브라질 사람들은 방금 거른 커피에 설탕 외에는 아무것도 첨가하지 않은 말 그대로 순수한 커피 맛을 선호한다. 또 이렇게 커피 맛을 중요시하다 보니 우리처럼 캔커피나 자판기 커피를 즐기는 법도 없다. 이처럼 커피에 관한 한 축구만큼이나 자존심 강한 커피의 종주국 브라질 사람들에게 있어서 커피는 삶의 수단이자 소통의 수단으로 자리잡고 있다.

Em 1727, o sargento-mor Francisco de Melo Palheta, a pedido do governador do Estado do Grão-Pará, lançou-se numa missão para conseguir mudas de café, produto que já tinha grande valor comercial. Para isso, fez uma viagem à Guiana Francesa e lá se aproximou da esposa do governador da capital Caiena. Conquistada a sua confiança, conseguiu dela uma muda de café-arábico, que foi trazida clandestinamente para o Brasil.

Das primeiras plantações na Região Norte, mais especificamente em Belém, as mudas foram usadas para plantio no Maranhão e na Bahia, na Região Nordeste.

As condições climáticas não eram as melhores nessa primeira escolha e, entre 1800 e 1850, tentou-se o cultivo noutras regiões: o desembargador João Alberto Castelo Branco levou mudas do Pará para a Região Sudeste e as cultivou no Rio de Janeiro, depois em São Paulo e Minas Gerais, locais onde o sucesso foi total. Também como fator favorável é citado haver nesses locais e no Paraná a terra roxa, considerada o melhor solo para o plantio do café. Graças a isso o Paraná tornou-se o maior estado produtor brasileiro em 1959. O negócio do café começou assim, a desenvolver-se de tal forma, que se tornou a mais importante fonte de receita do Brasil durante muitas décadas.

* <http://pt.wikipedia.org/wiki/caf%C3%A9>

12강

O que o senhor vai pedir?

VOCABULÁRIO

suco 명 (남) 주스
problema 명 (남) 문제
gelo 명 (남) 얼음
sem 전 ~없이
por enquanto 부 당분간
usar 동 사용하다
nosso/a 소유대/형 우리의
bufê 명 (남) 뷔페
cardápio 명 (남) 메뉴
olhar 동 쳐다보다
filé 명 (남) 스테이크
misto/a 형 혼합된
bem passado 형 잘 익힌
malpassado 형 덜 익힌
ao ponto 형 적당히 익힌
lasanha 명 (여) 라자냐
beber 동 (술)마시다
água tônica 명 (여) 토닉워터
sorvete 명 (남) 아이스크림
morango 명 (남) 딸기
trazer 동 가져오다
conta 명 (여) 계산서
troco 명 (남) 거스름돈

DIÁLOGO

SITUAÇÃO 1: 뷔페식당에서 음료만 주문할 때

H1: Bom dia, gostariam de beber alguma coisa?

H2: Para mim, uma Coca e para ela, um suco de maracujá.

H1: Não trabalhamos com a linha Coca. Pode ser Pepsi-cola?

H2: Pode ser. Não tem problema.

H1: Gostariam de gelo e limão?

H2: Sim, por favor.

H1: Gostariam de mais alguma coisa?

H2: Por enquanto não.

H1: Nosso bufê já está disponível.

H2: Tá, obrigado.

SITUAÇÃO 2: 식당에서 주문할 때

H1: O cardápio, por favor.

H2: Aqui está. O que gostaria de pedir?

H1: Eu queria um filé com fritas e uma salada mista.

H2: Bem passado ou malpassado?

H1: Ao ponto.

H2: E para a senhora?

M: Eu quero uma lasanha.

H2: E para beber?

H1: Uma cerveja bem gelada para mim.

M: Para mim uma água tônica, por favor.

SITUAÇÃO 3: 식당에서 계산할 때

H1: O senhor gostaria de mais alguma coisa?

H2: Sim. Eu gostaria de tomar um sorvete de morango.

H1: Pois não. Só isso?

H2: Você também pode trazer a conta?

H1: Claro! Só um minuto.
(Alguns minutos depois...)

H1: A sua conta.

H2: Você pode ficar com o troco.

H1: Muito obrigado.

APLICAÇÃO

- Quer tomar o quê?
- O que você quer comer?
- O senhor não quer um aperitivo?

- Eu quero tomar uma caipirinha.
- Eu prefiro tomar um vinho.
- Eu queria uma Coca sem gelo.
- Eu gostaria de um guaraná com gelo e limão.
- Eu queria experimentar uma comida típica.

- Você pode me passar o sal?
- Mais um talher, por favor.

- Estou satisfeito/a.
- A conta, por favor.
- Vamos dividir/rachar a conta.
- Posso pagar com cartão?
- Você aceita cheque?

GRAMÁTICA E EXERCÍCIO

[강세형 간접목적격 대명사]

"~에게" 라는 의미의 간접 목적격 대명사 앞에 전치사(para)가 나타나는 경우 일반적인 간접목적격 대명사 대신에 강세형 간접목적격 대명사가 사용된다.

	단수	복수
1인칭	mim	nós
2인칭	ti	-
3인칭	você, ele, ela	vocês, eles, elas

Para mim, não importa nada. 나에겐 하나도 중요하지 않다.

Nós queremos dar este livro para você. 우리는 이 책을 네게 주고 싶다.

Ele não gasta dinheiro para ela. 그는 그녀에게 돈을 쓰지 않는다.

연습문제 다음 그림을 보고 상황에 맞는 대화를 만들어 보세요.

(1)

(2)

(3)

UM POUCO DE CULTURA BRASILEIRA

음식문화

브라질은 여러 민족이 혼합된 만큼 음식도 다양하지만 공통적으로 아침 식사는 커피 한 잔과 빵, 햄, 치즈, 계란, 우유, 주스, 과일 등을 간단하게 먹는다. 점심과 저녁은 다양한 형태의 음식을 접할 수 있는데 그 중에는 브라질식 바비큐로 다양한 부위의 쇠고기, 돼지고기, 닭고기, 양고기, 소시지 등을 숯불에 구워먹는 Churrasco, 과거 흑인노예의 음식으로 돼지꼬리, 족발, 소시지 등을 검은 콩과 함께 삶아 먹는 Feijoada, 뷔페식으로 먹지만 접시에 담은 음식의 무게에 따라 가격이 정해지는 Por quilo 형태의 식당이 유명하다. 그리고 브라질 사람들은 밥에 콩 소스(Feijão)를 비벼먹는 것이 특징이다.

한편 전통적인 술로는 사탕수수 발효주인 Cachaça에 레몬, 설탕, 얼음을 넣은 일종의 칵테일인 Caipirinha가 있고 포도주도 유명하다. 하지만 가장 대중적인 술은 역시 맥주이며 브라질 사람들의 음주문화는 상대방에게 권하지 않고 자신이 알아서 따라 마시는 자작문화이다.

A culinária do Brasil é fruto de uma mistura de ingredientes europeus, indígenas e africanos. Muitas das técnicas de preparo e ingredientes são de origem indígena, tendo sofrido adaptações por parte dos escravos e dos portugueses. Esses faziam adaptações dos seus pratos típicos substituindo os ingredientes que faltassem por correspondentes locais. A feijoada, prato típico do país, é um exemplo disso. Os escravos trazidos ao Brasil desde fins do século XVI, somaram à culinária nacional elementos como o azeite-de-dendê e o cuscuz. As levas de imigrantes recebidas pelo país entre os séculos XIX e XX, vindos em grande número da Europa, trouxeram algumas novidades ao cardápio nacional e concomitantemente fortaleceu o consumo de diversos ingredientes.

As bebidas destiladas foram trazidas pelos portugueses ou, como a cachaça, fabricadas na terra. O vinho é também muito consumido, por vezes acrescido de frutas, na conhecida sangria. A cerveja por sua vez começou a ser con sumida em fins do século XVIII e é hoje uma das bebidas alcoólicas mais comuns.

* <http://pt.wikipedia.org/wiki/Culin%C3%A1ria_do_Brasil>

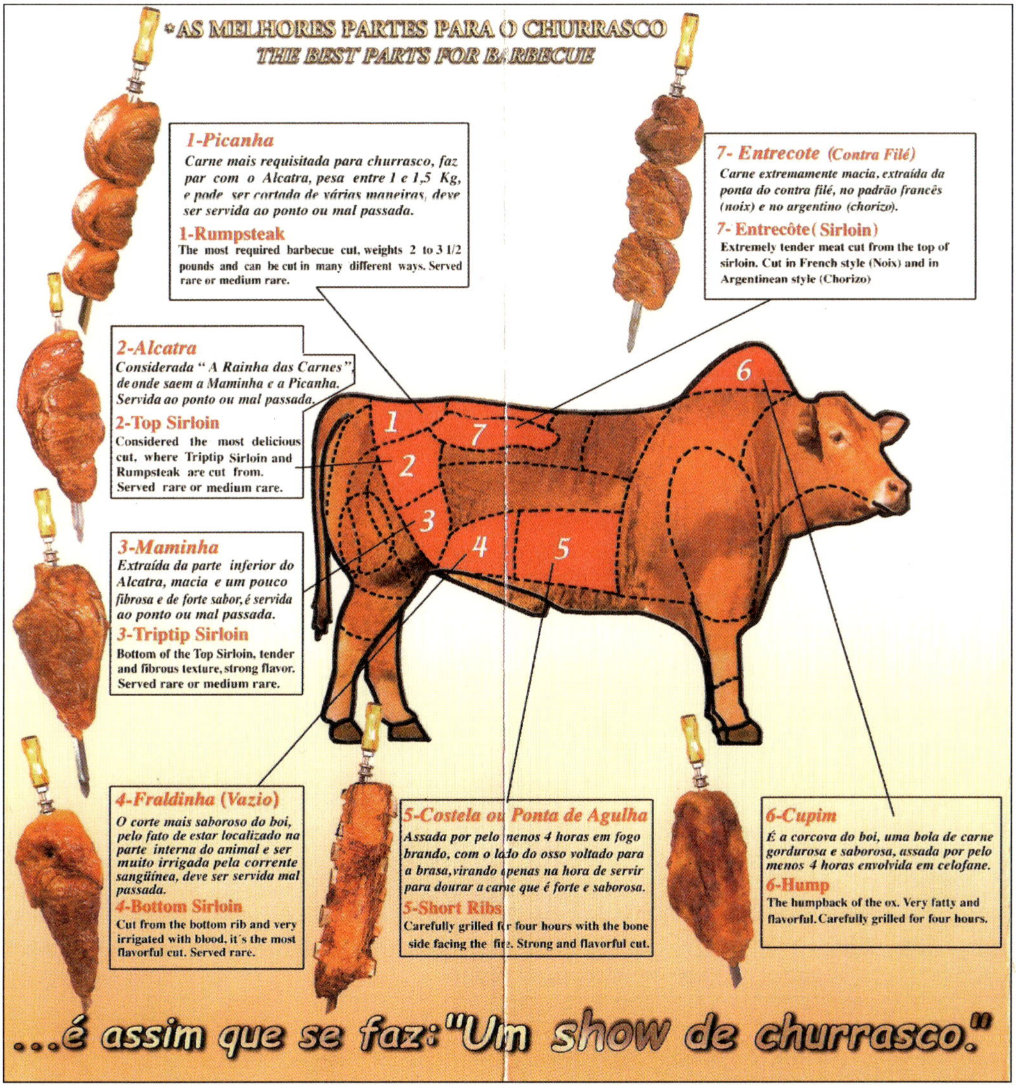

제6부(13-16강)

은행가서 일보기

13강 Você está livre amanhã?

VOCABULÁRIO

livre 형 자유로운
compromisso 명 (남) 약속
ajudar 동 도와주다
precisar 동 필요하다
abrir 동 열다
conta 명 (여) 계좌
encontrar(-se) 동 만나다
combinado/a 형 조정된, 절충된
banco 명 (남) 은행
alterar 동 바꾸다, 변경하다
reunião 명 (여) 회의
mesmo/a 형 같은, 동일한
lugar 명 (남) 장소
cafeteria 명 (여) 커피숍
ver 동 보다
beijo 명 (남) 입맞춤, 키스
outro/a 형 다른
atraso 명 (남) 지연, 지각
fazer 동 하다, 만들다
mal 부 나쁘게
haver 동 있다
cedo 부 일찍
ônibus 명 (남) 버스
demorar 동 지연되다, (시간이) 걸리다
chegar 동 도착하다
pior 형 더 나쁜
ainda 부 아직
trânsito 명 (남) 교통, 통행
horrível 형 두려운, 무서운

DIÁLOGO

SITUAÇÃO 1: 약속 잡을 때

H: Você está livre amanhã?

M: Tenho um compromisso de manhã mas estou livre à tarde.

H: Então, você podia me ajudar? Preciso abrir uma conta.

M: Claro! A que horas nos encontramos?

H: Que tal às duas?

M: Pode ser.

H: Então, tá combinado. A gente se encontra na frente do banco às duas da tarde.

SITUAÇÃO 2: 약속 변경할 때

H: Alô?

M: Alô? Paulo? Aqui é a Márcia.

H: Oi, Márcia. Tudo bem?

M: Tudo. Paulo, infelizmente temos que mudar nosso compromisso. Vou ter uma reunião à tarde.

H: Ah, é? Que dia você prefere?

M: Pode ser na segunda de manhã às 10 horas?

H: Tá bom para mim. No mesmo lugar?

M: Pode ser. Mas prefiro a cafeteria, em frente ao banco.

H: Tudo bem. A gente se vê lá então. Um beijo.

M: Outro. Tchau.

SITUAÇÃO 3: 약속에 늦었을 때

H: Desculpe pelo atraso.

M: Não faz mal. Mas o que houve?

H: Saí cedo de casa mas o ônibus demorou muito a chegar. E pior ainda, peguei um trânsito horrível.

M: Que dia, hein?

H: Hoje não é o meu dia...

APLICAÇÃO

- Quando podemos nos encontrar?
- A qualquer hora da tarde.

- Poderia mudar o nosso compromisso para outro dia?
- Para mim tanto faz.

- Para quando marcamos o nosso encontro?
- Para o dia 10 de outubro, próxima sexta.

- Fica bom para você às 11 horas da manhã?
- Está bom para mim a essa hora.

- Desculpe, vou me atrasar uns 15 minutos.
- Então, espero você lá dentro. Me ligue quando chegar.

GRAMÁTICA E EXERCÍCIO

[재귀동사]

포르투갈어에는 타동사에 재귀 대명사를 붙이는 형태의 재귀동사가 존재한다. 동사의 동작이 동작의 주체와 일치하는 동작을 표현한다.

levantar-se		
	단수	복수
1인칭	levanto-me	levantamo-nos
3인칭	levanta-se	levantam-se

동사의 뒤에 놓이는 경우는 하이픈으로 반드시 연결되어야 하는데, 브라질식 포르투갈어에서는 동사 앞에 놓이는 것이 일반적이다.

Eu me levanto cedo. 나는 일찍 일어난다.
Nós nos encontramos na cafeteria. 우리는 커피숍에서 만난다.
Eles ainda se lembram de mim. 그들은 아직도 날 기억하고 있다.
A gente se vê lá então. 우리는 그럼 거기서 보자.

연습문제 A

다음 빈칸을 채워 보세요.

Querida Glorinha,

Me desculpe por ter sumido mas nunca tinha ___________ (esquecer-se) de você. Eu estive um mês afastado da cidade por causa do trabalho e fiquei muita saudade de você. Você não precisa ___________ (preocupar-se). Eu ainda estou solteiro e estou à procura de uma namorada. Quem sabe seja você, Glorinha.

Infelizmente, neste fim de semana, não vou estar livre. Que tal _________________ (encontrar-se) no sábado que vem? Se você não puder, me ligue, tá? A gente ___________ (ver-se) nesse dia então.

Beijos do seu admirável amigo Leo

연습문제 B

다음의 주어진 표현을 이용하여 대화문을 만들어보세요.

Você está livre agora? / Me desculpe mas... / Onde é que nos encontramos? / Pode ser... / Então, tá combinado.

UM POUCO DE CULTURA BRASILEIRA

Chá de cozinha/Chá de fralda

브라질 사람들에게 있어서 결혼과 자녀의 출산은 인생의 가장 중요한 통과의례이자 하나의 커다란 축제이다. 이 특별한 순간을 기념하기 위해 브라질 사람들은 축의금이나 백일·돌반지 등을 전달하는 우리와는 다른 방식으로 축하인사를 건네는데, 이러한 축하파티를 각각 'Chá de cozinha'와 'Chá de fralda'라 부른다. 먼저, Chá de cozinha는 '주방의 차'라는 뜻으로 결혼식 전 예비신부의 친척과 친구들이 모여 가정용품 혹은 주방용품과 같이 신혼살림에 필요한 물건들을 하나씩 선물하는 신부 축하연이다. 이 같은 선물의 성격 때문에 'Chá de panela'(냄비 차)라 부르기도 한다. 친구들이 몰래 준비한 깜짝 파티의 형태로 되기도 하지만, 대개의 경우 예비신부가 필요한 선물 목록을 만들어 초대할 사람들에게 결혼식 초대장과 함께 보내고 간단한 다과를 준비하여 파티를 여는 것이 일반적이다. 다음으로, Chá de fralda는 '기저귀 차'라는 뜻으로 출산이 임박할 때 이제 곧 태어날 아기를 위해 선물도 주고 탄생을 미리 축하해주는 파티이다. 깜짝 파티의 형태로 열리거나 혹은 주변사람들에게 선물리스트와 함께 초대장을 보내는 것은 Chá de cozinha와 비슷하지만, Chá de fralda에서는 보통 선물을 건넬 때 내용물이 보이지 않게 포장을 해 예비엄마로 하여금 무엇이 들어있는지 맞추는 놀이를 하며 즐거운 시간을 보내는데, 실패할 경우 선물한 사람은 립스틱이나 색연필로 예비엄마의 얼굴과 배에 우스꽝스러운 그림 등을 그린다. Chá de fralda는 'Chá de bebê'(아기 차), 'Chá de cegonha'(황새 차), 'Chá de berço'(요람 차)와 같은 다양한 명칭으로 불리기도 한다.

Um *chá de bebê é* uma festa onde a futura mãe (os futuros pais) recebe presentes para seu bebê que está chegando. Os presentes podem ser escritos nos convites pessoais, enviados como uma lista para todos os convidados e depois cada um escolhe o que quer dar, ou deixados uma lista em lojas de bebês com ou sem comércio eletrônico. Normalmente, a festa é organizada entre o 6º e o 8º mês da gestação. É uma tradição popular no Brasil, Estados Unidos (em inglês *baby shower*) e em alguns outros paises. No Reino Unido e França, *chás de bebê* são um novo fenômeno, recentemente importado dos Estados Unidos. Algumas pessoas preferem realizar os chás de bebê depois do nascimento do bebê, pois, acreditam que dar presentes antes do nascimento traria azar. Outros consideram a gravidez um assunto muito pessoal e não realizam nenhuma festa.

Não há nenhuma regra fixa para o seu roteiro, porém existem algumas atividades tradicionais que estão frequentemente presentes em chás de bebê. As brincadeiras mais comuns são:

Embalar bem o presente e a grávida deve adivinhar o que é sem abrí-lo;

Se errar nos palpites a grávida deve pagar alguma prenda ou o dono de presente pode desenhar com batom ou com guache na barriga dela;

Adivinhar o tamanho da barriga da grávida.

* <http://pt.wikipedia.org/wiki/ch%c3%A1_de_beb%C3%AA>

14강 Como faço para chegar lá?

VOCABULÁRIO

endereço 명 (남) 주소
rua 명 (여) 길
atravessar 동 건너다, 가로지르다
praça 명 (여) 광장
destino 명 (남) 목적지, 운명
centro 명 (남) 중심, 시내
cobrador(a) 명 (버스)수납원, (철도)집찰계원
descer 동 내리다, 내려가다
longe 부 멀리, 먼
levar 동 (시간이)걸리다, 가져가다
fácil 형 쉬운
carona 명 (여) 차 얻어 타기
buscar 동 찾다
antes 부 전에
esquina 명 (여) 코너, 모퉁이
seguir 동 ~을 따라가다
virar 동 돌다, 방향을 돌리다
direita 명 (여) 오른쪽
esquerda 명 (여) 왼쪽
lado 명 (남) 옆, 측면
prefeitura 명 (여) 시청
dar 동 주다, 충분하다
pé 명 (남) 발

DIÁLOGO

SITUAÇÃO 1: 교통편을 물을 때

H: Você sabe o endereço do Banco Bradesco?

M: Sei.

H: Qual é?

M: Rua Gen. Câmara, 253.

H: Como faço para chegar lá?

M: Você tem que atravessar a praça e pegar um ônibus com destino ao Centro. Peça ao cobrador para descer na Salgado Filho.

H: É longe daqui?

M: Não muito. Leva uns quinze minutos.

SITUAÇÃO 2: 차로 데리러 가겠다고 제안할 때

H: É fácil chegar ao Centro?

M: É. Mas se quiser uma carona, vou lá te buscar.

H: Quero, sim! Você tem o meu endereço?

M: Não. Mas eu te ligo antes de sair de casa.

H: Tá, obrigado.

SITUAÇÃO 3: 택시 탈 때

M: Bom dia. Para o Centro, por favor.

H: Sim senhora.

(Alguns minutos depois...)

H: Já estamos no Centro.

M: Ah, é? Me deixe na esquina da 7 de Setembro com a General Câmara, por favor.

(Alguns instantes depois...)

H: Tá bom por aqui?

M: Tá ótimo. Quanto é?

H: São nove reais e setenta centavos.

M: Aqui está. Pode ficar com o troco.

H: Obrigado.

SITUAÇÃO 4: 길을 물을 때

H: Por favor, moça. Onde é o Banco Bradesco?

M: Você segue em frente por essa rua. No fim da rua, você vira à direita e depois na segunda à esquerda. O Banco Bradesco é logo ali, na frente da prefeitura.

H: Dá para ir a pé até lá?

M: Dá. É pertinho daqui.

H: Tá certo. Obrigado.

M: De nada.

APLICAÇÃO

- Onde fica o ponto de ônibus mais próximo?
- Fica em frente à padaria.

- Qual ônibus tenho que pegar?
- Pode pegar qualquer um.

- Este ônibus passa pela Ipiranga?
- Passa.

- Acho que peguei o ônibus errado. Por favor me deixe descer na próxima parada.
- Às ordens.

- Por favor me avise quando chegar à Polícia Federal.
- Pode deixar.

- Com licença, onde fica o banheiro?
- É ali no fundo.

GRAMÁTICA E EXERCÍCIO

[명령형 문장 만들기]

포르투갈어에서 명령형 문장은 접속법이라는 동사 변화를 통해서 표현된다. 명령법 동사변화가 따로 있기는 하지만 일반적으로 접속법이 명령법을 대신한다.

동사	você/ele	vocês/eles
falar	fale	falem
comer	coma	comam
partir	parta	partam

Me desculpe! 미안합니다.
Olhe para mim! 나를 쳐다보세요.
Não coma mais! 더 이상 먹지 마세요.
Não falem tão alto! 그렇게 크게 말하지 마세요.
Fique aqui até eu voltar. 내가 돌아올 때까지 여기 있어요.

[포르투갈어 서수 읽기]

'몇 번째'를 나타내는 서수는 성수를 일치시켜 다음과 같이 읽는다.

1º primeiro/primeira
2º segundo/segunda
3º terceiro/terceira
4º quarto/quarta
5º quinto/quinta
6º sexto/sexta
7º sétimo/sétima
8º oitavo/oitava
9º nono/nona
10º décimo/décima
11º décimo-primeiro/décima-primeira
12º décimo-segundo/décima-segunda
20º vigésimo/vigésima
30º trigésimo/trigésima

연습문제 A

다음의 주어진 동사를 이용해서 명령형 문장을 만들어 보세요.

Receita de Brigadeiro

Em uma panela ___________ (colocar) todos os ingredientes e ___________ (mexer) para que fique homogêneo. ___________ (levar) ao fogo, sem parar de mexer, por aproximadamente 10 minutos ou logo após, passado uns quatro minutos de fervura. ___________ (deixar) esfriar. Quando frio, ___________ (untar) as mãos com um pouco de margarina e ___________ (fazer) pequenas bolinhas. ___________ (passar)-as no chocolate granulado.

연습문제 B

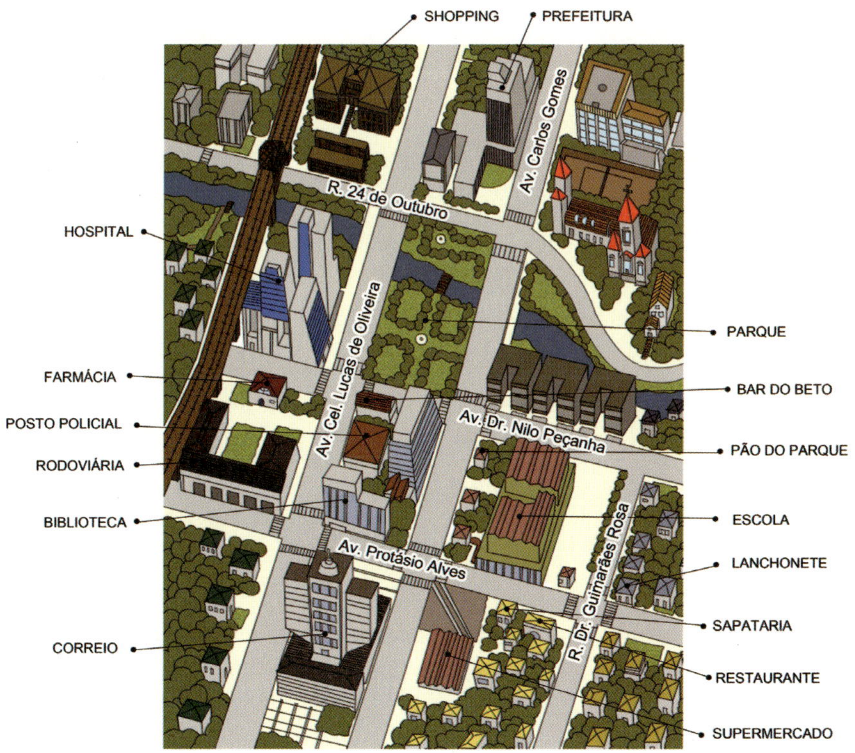

위의 지도를 이용하여 다음의 질문에 대답해 보세요.

(1) Você sabe onde fica a escola? ______________________________

(2) Onde é a padaria Pão do Parque, por favor? __________________

(3) Por favor, poderia me dizer como posso chegar à rodoviaria?

UM POUCO DE CULTURA BRASILEIRA
교통수단

브라질에 처음 도착한 경우에는 지하철이나 버스를 이용하는 것이 쉽지 않으므로 택시를 이용하는 편이 여러모로 나은데 실제로 택시 제도는 잘 발달되어 있다. 택시는 도시에 따라 색깔을 달리하는데 São Paulo 일반택시의 색깔은 흰색, Rio de Janeiro는 노란색, Porto Alegre는 빨간색이다. 도시 별로 기본요금은 차이가 있고 할증요금은 평일 밤 10시부터 새벽 6시까지 그리고 일요일 및 공휴일에 적용된다. 시내에는 택시승차장(Ponto de Táxi)이 곳곳에 있어 직접 가서 탈 수도 있으나 일반요금을 받는 콜택시를 전화로 부를 수도 있어 편리하며 절대 합승하지 않는다.

반면 시내버스는 버스 전용차선제를 실시해 운행시간이 줄어들고는 있지만 노선안내가 잘 되어있지 않아 특히 대도시의 경우엔 불편한 점이 많다.

한편 미니 좌석버스(lotação)가 있는데 노선대로는 움직이나 택시처럼 세워서 타고 원하는 곳에서 내릴 수 있어 버스와 택시의 중간단계로서 이용할 만 하다.

Um táxi é um tipo de transporte público individual na qual os passageiros têm ampla escolha do local de embarque ou desembarque, o que não acontece com as modalidades de transporte em massa. A diferença dos táxis de transporte em massa é o fato do passageiro pagar o valor em quilômetros rodados, cujo cálculo é automaticamente efetuado num taxímetro. Além da cobrança por quilômetro, o taxímetro também registra a hora parada. Há um valor inicial para o uso do táxi que se chama bandeirada e a este valor vai-se somando o valor do quilômetro rodado.

Normalmente as cidades possuem regulamentos próprios para o controle e fiscalização desta modalidade de transporte que nas metrópoles é amplamente utilizada por ser um meio de transporte cômodo, seguro, confortável e relativamente barato, já que não há necessidade de pagar por estacionamento ou ficar preocupado se o veículo está ou não em um lugar seguro.

* <http://pt.wikipedia.org/wiki/T%C3%A1xi>

15강

Eu gostaria de abrir uma conta.

VOCABULÁRIO

documento 명 (남) 문서, 서류
preencher 동 채우다, 기입하다
assinar 동 서명하다
ficha 명 (여) (신청)서류, 신상기록카드
pronto/a 형 준비된
depósito 명 (남) 예금
aguardar 동 기다리다
cartão 명 (남) 카드
útil 형 유용한
retirar 동 뽑다
dinheiro 명 (남) 돈
durante 전 ~하는 동안
saque 명 (남) 출금
realizado/a 형 실현된
qualquer 형 아무~ 나
caixa 명 (남) 창구
fila 명 (여) 줄
espera 명 (여) 대기, 머무름
sacar 동 출금하다
identidade 명 (여) 신분(증)
limite 명 (남) 한계, 한도
diário/a 형 매일의, 하루의
ultrapassado/a 형 초과된
bloqueado/a 형 폐쇄된
verificar 동 확인하다
quantia 명 (여) 금액, 수량

DIÁLOGO

SITUAÇÃO 1: 계좌 개설할 때

H: Pois não?

M: Eu gostaria de abrir uma conta.

H: A senhora trouxe os documentos?

M: Sim, aqui estão.

H: A senhora precisa preencher e assinar estas fichas.

M: Está bem.

(Alguns minutos depois...)

M: Pronto. E agora?

H: Agora é só fazer o depósito e aguardar a chegada do cartão.

M: Quanto tempo vai demorar?

H: Mais ou menos sete dias úteis.

M: Então, como faço para retirar dinheiro durante esse tempo?

H: A senhora pode retirar em qualquer caixa.

M: Ah, tá. Obrigada.

SITUAÇÃO 2: 예금할 때

M: Eu queria fazer um depósito.

H: Pois não. A senhora precisa preencher essa ficha de depósito.

(Alguns minutos depois...)

M: E agora?

H: Só aguarde a sua vez na fila de espera.

SITUAÇÃO 3: 예금 인출할 때

M: Eu queria sacar 1.000,00 reais da minha conta.

H: Sua identidade, por favor.

M: Aqui está.

H: Seu limite de saque diário é de 1.000,00 reais e se passar, sua conta será bloqueada por um dia. Verifique a quantia.

M: Tá certo. Obrigada.

H: De nada.

APLICAÇÃO

Como usar o caixa automático

Por favor coloque o cartão.

↓

Retire o seu cartão.

Problema na leitura do cartão.

↓

Aguarde processando.

↓

Por favor selecione uma das opções.

Retorne ao Menu inicial.

↓

Digite a senha do cartão.

↓

Aperte o botão, que mostra a terceira sequência do grupo de letras, que compõe o seu Código do Acesso.

Esta senha está inválida./Por favor reinicie a operação.

↓

Coloque e retire novamente o seu cartão para confirmar a operação.

↓

A operação está finalizada./Fim da operação.

GRAMÁTICA E EXERCÍCIO

[수동태]

포르투갈어의 수동태는 ser 동사에 본동사의 과거분사 형태를 결합해서 만든다. 이때 과거분사는 주어의 성과 수에 일치해야 한다. 행위자를 나타내야 하는 경우는 전치사 por를 이용해서 표현한다.

A sua conta vai ser bloqueada. 당신의 계좌는 폐쇄될 것이다.

O plano foi rejeitado pelo comitê. 계획은 위원회에 의해 거부되었다.

Nós somos convidados pelo professor. 우리는 선생님에 의해 초대되었다.

O saque pode ser realizado em qualquer caixa do banco.
인출은 은행의 어떤 창구에서든 이루어질 수 있다.

[Precisar (de) ~]

"~할 필요가 있다, ~이 필요하다"라는 표현으로 <precisar + 동사원형> 혹은 <precisar de + 명사>의 형태로 사용한다.

Eu preciso falar com você. 나는 당신과 말할 필요가 있다.

Você precisa tomar uma decisão. 당신은 결정을 내릴 필요가 있다.

Nós precisamos sair daqui a pouco. 우린 잠시 후 나갈 필요가 있다.

Ela precisa de óculos. 그녀는 안경이 필요하다.

Eles precisam de mim. 그들은 내가 필요하다.

연습문제 A 다음 문장을 수동태로 만들어 보세요.

(1) Pedro vai mandar esta carta para Maria.

(2) O banco vai bloquear a sua conta.

(3) Eles leram o meu diário.

(4) As crianças quebraram as janelas.

(5) Os ladrões nos roubaram.

연습문제 B Precisar 동사를 이용하여 다음 문장을 완성해 보세요.

(1) Eu ________________ uma pessoa que fale português.

(2) Você não ________________ se preocupar comigo.

(3) Ele ________________ parar de fumar.

(4) Nós ________________ mais tempo para terminar essa tarefa.

(5) Vocês ________________ tomar cuidado no trânsito.

UM POUCO DE CULTURA BRASILEIRA

Capoeira

Capoeira는 브라질의 전통무술이다. 16세기 아프리카에서 브라질로 끌려온 흑인노예들에 의해 전래된 호신용 무술인 Capoeira는 식민시기 억압과 고된 노역을 피해 사탕수수 농장을 도망쳐 Quilombo라는 산속 은신처에 숨어 지냈던 탈주 노예들이 자신들을 잡기 위해 파견된 용병들을 물리치기 위해 연마했던 무술이었다. 결국 Capoeira는 각 농장으로 퍼져 노예들이 비밀스럽게 배우는 호신술로 자리잡았다. 19세기 들어와 Salvador, Rio de Janeiro, Recife에서 인기를 끌었지만, 거리의 폭력사태를 조장한다는 이유로 불법화되었다. 그러나 1930년대 Mestre Bimba에 의해 음악과 함께 어우러져 고난도의 곡예를 선보이는 예술적인 스포츠로 재탄생되면서 합법화되었고 동시에 최초의 Capoeira 학교가 설립될 수 있었다. 현재 우리나라에서도 소개되고 있는 Capoeira는 우선 Capoeirista라 불리는 파이터들이 관객들과 함께 큰 원을 형성한다. 경기에 쓰이는 음악은 Berimbau와 같은 아프리카 악기와 몇 개의 악기를 중심으로 연주된다. 관객은 박수를 치고 Capoeirista는 리듬에 몸을 실은 채 공중제비, 물구나무 서기 등 복합적인 곡예동작을 보여준다. 주로 발 동작만 하는 게 특징인데, 노예이므로 묶인 손을 사용할 수 없었기 때문에 발만 사용하게 되었고 무용에 가까운 동작은 식민시기 주인의 눈을 속이기 위해서였다고 한다. 대련 시 두 명의 Capoeirista는 상대의 몸을 건드리지 않고 단지 속도와 곡예기술을 이용해 시로를 제압한다. 한 팀의 대런이 끝나면 원에 서 있던 세로운 두 명의 Capoeirista가 들어와 계속해서 경기를 펼친다.

De origem africana (Angola), a luta da capoeira foi usada pelos negros escravos como defesa, quando fugiam para o mato em busca da liberdade. Mas é também uma luta agressiva com alguns golpes que chegam a ser mortais.

Atualmente o jogo da capoeira é um elemento de folclore e tradição e se difundiu, principalmente, na Bahia. Essa luta dá a impressão de uma dança de movimentos muito bonitos, exigindo grande preparo físico. A luta é acompanhada por vários instrumentos como o pandeiro, o atabaque, o reco-reco, o chocalho e pelo mais importantes deles, o berimbau. Os participantes cantam música de origem popular, às vezes, improvisada. Os capoeiristas começam o seu jogo depois de ouvirem a música por algum tempo. Os instrumentos acompanham o ritmo da luta, mais lento no início e mais rápido à medida que ela evolui.

A capoeira, que faz parte da cultura do povo brasileiro, atrai pessoas de vários outros países pela sua singularidade.

* Maria Nazaré de Carvalho Laroca, Nadime Bara e Sonia Maria da Cunha Pereira, *Aprendendo português do Brasil: um curso para estrangeiros*, 4. ed., Campinas: Pontes, 2003, p. 70.

16강

Quanto está o dólar?

VOCABULÁRIO

dólar 명 (남) 달러
trocar 동 바꾸다, 교환하다
momento 명 (남) 순간
ordem 명 (여) 순서, 질서, 명령
pagar 동 지불하다
luz 명 (여) 빛, 등불
receber 동 받다, 접수하다
vencido/a 형 (납부, 유효)기간이 지난
enfrentar 동 직면하다, 대항하다
todo/a 형 모든
recarga 명 (여) 충전
valor 명 (남) 가치, 가격
ponto 명 (남) 점, 지점
venda 명 (여) 판매
ali 부 거기에, 저기에
banca 명 (여) 가판대
jornal 명 (남) 신문
dizer 동 말하다
perguntar 동 질문하다, 묻다
farmácia 명 (여) 약국

DIÁLOGO

SITUAÇÃO 1: 환전할 때

M: Quanto está o dólar?

H: Está a R$ 1,81.

M: Eu gostaria de trocar 500 dólares.

H: Aguarde um momento, por favor.
(Alguns minutos depois...)

H: Aqui está.

M: Obrigada.

H: Às ordens.

SITUAÇÃO 2: 공과금 낼 때

M1: Posso pagar a conta de luz aqui?

M2: Pode, é naquele caixa.

M1: Mas recebem até as contas vencidas?

M2: Recebemos.

M1: Ainda bem, pois não preciso ir ao banco e enfrentar toda aquela fila.

SITUAÇÃO 3: 충전식 휴대폰 선불카드를 살 때

M: Aqui tem cartão de recarga?

H: Tem. Qual o valor?

M: Eu queria um de R$ 20,00.

H: Só temos de R$ 35,00 e de R$ 50,00.

M: Tem outro ponto de venda aqui perto?

H: É ali na outra banca de jornal.

M: Já fui lá mas ele disse que não tinha.

H: Então, pergunte na farmácia aqui do lado.

M: Muito obrigada.

H: De nada.

APLICAÇÃO

- Onde posso trocar dólar?
- Tem uma casa de câmbio aqui perto.

- Quanto está a cotação do dólar hoje?
- Está a R$ 2,12 para venda e R$ 2,22 para compra.

- Vocês trocam cheque de viagem?
- Infelizmente não.

- Quanto cobram pela troca de cheque de viagem?
- Cobramos 10% do valor convertido.

- Posso pagar o boleto bancário em um caixa eletrônico?
- Sim, passe o código de barra no leitor ou basta digitar os números do código.

GRAMÁTICA E EXERCÍCIO

[완곡어법]

"~하고 싶습니다, ~할 수 있습니까?" 와 같은 완곡한 표현을 만들기 위해서 과거미래형을 사용한다. 불완전과거(반과거)도 완곡한 표현을 표현하기 위해서 사용될 수 있다. 동사변화는 동사원형에 다음과 같은 어미를 붙여서 만든다.

	단수	복수
1인칭	-ia	-íamos
3인칭	-ia	-iam

Você gostaria de falar com o Presidente? 당신은 대통령과 얘기하고 싶습니까?

O senhor poderia trocar 300 dólares? 300달러를 환전해 줄 수 있습니까?

Eu queria encontrar você. 나는 당신을 만나고 싶습니다.

Eu desejava falar com o padre. 나는 신부님과 얘기하고 싶습니다.

연습문제

Poder 동사의 완곡어법을 이용하여 다음 대화를 완성하세요.

(1) Falar com o diretor (eu) ________________

(2) Informar-me onde fica o correio (a senhora) ________________

(3) Dizer-me como resolver esse problema (o senhor) ________________

(4) Falar mais devagar (vocês) ________________

(5) Fechar a porta (você) ________________

UM POUCO DE CULTURA BRASILEIRA

Fernando de Noronha 군도

브라질 북동부
Pernambuco주의
군도
면적: 17 km^2
인구: 3,012 명
(*IBGE – 2008)

브라질 북동부 Pernambuco주의 주도(州都) Recife에서 540여 킬로미터 떨어진 대서양 바다 위에는 다양한 크기의 여러 섬들이 모여 있다. 바로 화산섬으로 이루어진 Fernando de Noronha 군도이다. 21개의 크고 작은 섬들로 이루어진 Fernando de Noronha 주변의 바다에는 참치, 상어, 돌고래, 바다거북 등 여러 해양 동물들이 살고 있다. 또한 이곳은 서부 대서양에서 가장 많은 바닷새들이 모여 사는 곳으로도 유명하다. 이런 까닭으로 2001년에는 유네스코 세계유산으로 지정되었다. 누가 이곳을 최초로 발견했는지를 두고는 의견이 분분하지만, 이 지역을 처음으로 유럽에 소개한 사람은 Américo Vespúcio였다. 그러나 정작 그 명칭은 1504년 D. Manuel I세로부터 이곳을 세습봉토로 하사 받은 Fernão de Noronha의 이름을 따서 'Fernando de Noronha'로 명명되었다. 이후 1534년부터 1736년까지 영국, 프랑스, 네덜란드와 같은 유럽 열강의 침략에 시달리면서 그들의 지배 하에 놓였다가 1737년에 가서야 다시 포르투갈의 영토로 복속되었다. 1942년까지 한때 악명

높은 정치범 수용소로 쓰이기도 했던 Fernando de Noronha는 1988년 국립 공원으로 지정되었다.

> Situado quatro graus abaixo da linha do Equador e a 545 quilômetros de Recife, este arquipélago tem 21 ilhas preservadas, que o elevaram a santuário ecológico para aves e animais marinhos como as tartarugas e os golfinhos.
>
> Antes de se tornar o paraíso turístico e ecológico dos dias atuais, o arquipélago foi local de detenção de condenados enviados a cumprir pena no presídio ali existente, que funcionou de 1737 a 1942, sendo de 1938 em diante apenas para presos políticos do Estado Novo.
>
> Desde 1988, parte de sua área foi transformada em parque nacional, uma área de proteção que proíbe a pesca, inclusive a submarina.

* <http://pt.wikipedia.org/wiki/Fernando_de_noronha>

제7부(17-18강)

쇼핑하기

17강 Eu gostaria de ver uma blusa.

VOCABULÁRIO

blusa 명 (여) 블라우스
vário/a 형 다양한
modelo 명 (남) 모델
vir 동 오다
provar 동 시도하다
rosa 명 (여) 장미, 분홍색
tamanho 명 (남) 크기, 칫수
provador 명 (남) 탈의실
fundo 명 (남) 안쪽
maior 형 더 큰
apertado/a 형 꼭 끼는
cor 명 (여) 색
desejar 동 바라다, 원하다
aceitar 동 받아들이다, 수락하다
crédito 명 (남) 신용
puxa 감 이런
caro/a 형 비싼
vista 명 (여) 시각, 시야, 보이는 것
desconto 명 (남) 할인
embrulhar 동 싸다, 포장하다
presente 명 (남) 선물
olhar 동 보다
vontade 명 (여) 의지, 의도

DIÁLOGO

SITUAÇÃO 1: 옷을 살 때

M1: Posso ajudar?

M2: Gostaria de ver uma blusa.

M1: Temos vários modelos.

M2: Posso provar essa rosa?

M1: Claro. Qual é o seu tamanho?

M2: "M", por favor.

M1: Só um pouquinho. Vou buscar... O provador fica ali.

(Alguns minutos depois...)

M2: Moça, tem uma maior? Essa ficou um pouco apertada.

M1: Tem sim, mas é de outra cor.

M2: Então, tudo bem... Vou ficar com essa.

M1: Deseja mais alguma coisa?

M2: Não obrigada. Só isso.

M1: Só passe ali no caixa.

SITUAÇÃO 2: 계산할 때

M1: Aceitam cartão de crédito?

M2: Aceitamos.

M1: Quanto é?

M2: R$ 70,00.

M1: Puxa, que caro!

M2: À vista temos 5% de desconto.

M1: Então vou pagar em dinheiro.

M2: Quer que embrulhe para presente?

M1: Não precisa. É para mim.

SITUAÇÃO 3: 구경만 할 때

M1: Posso ajudar a senhora?

M2: Não obrigada. Estou só olhando.

M1: Fique à vontade.

APLICAÇÃO

- Onde fica a seção de roupas íntimas?
- Fica no segundo andar.

- E aí? Ficou bem?
- Ficou sim. Mas acho que não combina comigo.

Roupas e acessórios

m – terno

m – colete

f – camisa

f – calça

m – vestido

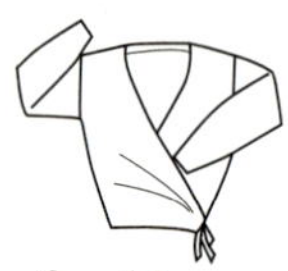
f – blusa

f – saia

f – bermuda

m – "short"

f – camiseta

m – casaco

m – suéter

f – jaqueta

f – capa

m – pijama

f – camisola

f – cueca

f – calcinha

m – sutiã

m – calção (de banho)

m – maiô

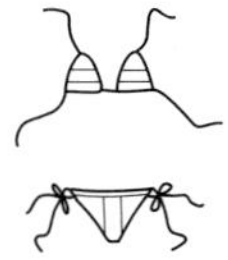
m – biquíni

m – chapéu

m – boné

f – gravata

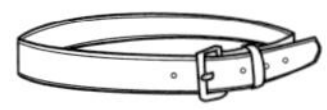
m – cinto

m – lenço

f – meia-calça

f – meia

m – sapato

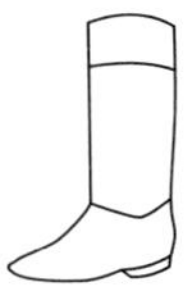
f – bota

f – sandália

m – chinelo

m – tênis

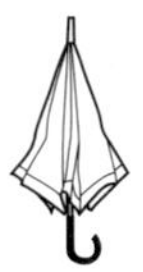
m – guarda-chuva

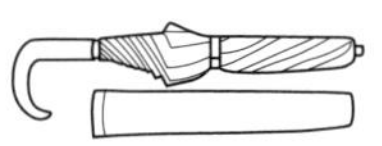
f – sombrinha

m – relógio

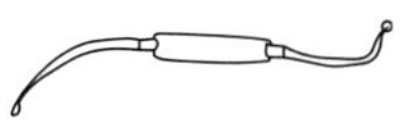
f – pulseira

m – colar

m – anel

f – aliança

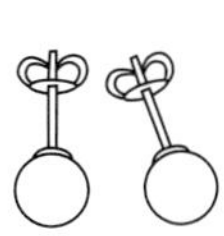
m – brinco(s)

GRAMÁTICA E EXERCÍCIO

[감탄문 만들기]

<Que + 명사/형용사> 의 형태로 감탄문을 만든다.

Que maravilha! 참 대단해!
Que interessante! 참 흥미롭네!
Que chique! 참 멋있네!
Que gostoso! 참 맛있네!
Que estranho! 참 이상하네!
Que sorte! 참 운이 좋네!
Que pena! 참 안됐다!
Que legal! 아이 좋아!
Que bonito! 아이 예뻐라!
Que vergonha! 아이 창피해!
Que calor! 아이 더워라!
Que frio! 아이 추워라!
Que coisa! 이런 젠장!
Que chato! 아이 짜증나!

놀람이나 경탄을 표현하는 다음과 같은 감탄사도 많이 쓰인다.

Nossa! 이런!
Meu Deus! 이런!
Puxa! 이런!
Caramba! 이런!

연습문제

다음 질문에 알맞게 대답해 보세요.

(1) O que você gosta de vestir? ______________________________

(2) O que você veste no verão/no inverno? ______________________________

(3) O que você vestiu ontem? ______________________________

Um pouco de cultura brasileira

Brasília

브라질리아는 해발 고도 1,100미터에 위치한 고원도시이다. 브라질의 수도는 원래 Rio de Janeiro였지만 남동쪽에 치우쳐 있었기 때문에 인구 집

브라질 중서부 Distrito Federal의 주도(州都)
면적: 5,802 km²
인구: 2,557,158 명
(*IBGE – 2008)

중 억제와 내륙 지역 개발을 위해 브라질리아를 새로운 수도로 정하고 1960년에 수도를 옮기게 되었다. 브라질리아는 Lúcio Costa가 고안하고 Oscar Niemeyer가 설계한 대표적인 계획도시로 개성적이고 현대적인 건물들로 유명하다. 하늘에서 브라질리아를 내려다보면 마치 비행기처럼 보이는데, 그 머리 부분에 해당하는 곳에 대통령 궁이 있고, 중심 부분에는 입법, 사법, 행정 기관이 들어서 있다. 그리고 중심부분을 기준으로 날개 부분에는 주택가와 상점가, 편의시설들이 대칭적으로 배치되어 있다.

Brasília é a capital do Brasil desde 1960. Construída em menos de 5 anos, ela está situada no coração do Brasil, país enorme, para tornar a sede do governo federal mais acessível a todos os brasileiros.

A mudança do governo federal do Rio de Janeiro, a antiga capital brasileira, para Brasília não foi fácil. Ninguém queria deixar a bela cidade do Pão de Açúcar e do Corcovado para ir viver no Planalto Central, numa cidade nova, isolada, sem mar, sem praia. Nem os funcionários públicos, nem os políticos...

No entanto, Brasília é agora, sem dúvida, o centro das decisões políticas do país.

Brasília é uma cidade diferente. Sua construção obedeceu a um plano-piloto. A base deste plano são dois eixos que se cruzam: o Eixo Rodoviário, no sentido norte-sul e o Eixo Monumental, no sentido leste-oeste. À noite, com suas luzes acesas, a cidade, vista do alto, parece um grande avião.

Os edifícios principais de Brasília têm linhas de grande beleza e são sempre uma surpresa para o turista. Brasília é o resultado do trabalho combinado de três grandes artistas brasileiros: o urbanista Lúcio Costa, o arquiteto Oscar Niemeyer e o paisagista Burle Marx.

Nada se compara a Brasília e ela, por sua vez, não se integra a mais nada. É uma cidade única, diferente de todas as outras cidades do mundo. De todas. Realmente, Brasília é Brasília.

* Emma Eberlein O. F. Lima & Samira A. Iunes, *Falar... Ler... Escrever... português: um curso para estrangeiros*, 2. ed., São Paulo: EPU, 1999, p. 79.

18강

Quantో custa essa aqui?

VOCABULÁRIO

mostrar 통 보여주다
televisão 명 (여) 텔레비전
vitrine 명 (여) (가게의) 진열장, 진열대
custar 통 (비용이) 들다
promoção 명 (여) 세일
prestação 명 (여) 할부
entrada 명 (여) 입구, 입장, 첫 달 할부금
garantia 명 (여) 보증, 보증서, 보증기간
entrega 명 (여) 교부, 배달
domicílio 명 (남) 주거지, 집
cobrar 통 부과하다, 징수하다
taxa 명 (여) 세금, 요금
prazo 명 (남) 기간, 기한
marcar 통 (약속을) 잡다, 기록하다
horário 명 (남) 시간표, 일정표
determinado/a 형 지정된
dado 명 (남) 데이터, 자료
pessoal 형 개인의
comprar 통 사다, 구입하다
defeito 명 (남) 결함, 단점
novo/a 형 새로운, 젊은
nota 명 (여) 영수증
fiscal 형 조세의
escolher 통 선택하다, 고르다

DIÁLOGO

SITUAÇÃO 1: 전자제품 살 때

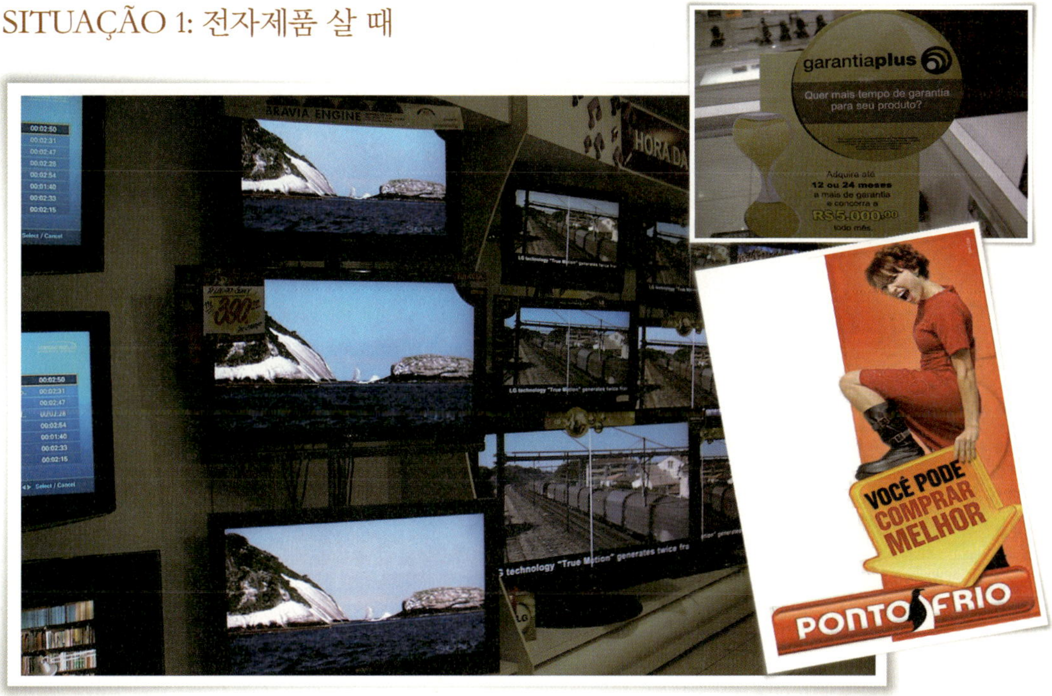

H: Posso lhe ajudar?

M: Poderia me mostrar aquela televisão da vitrine?

H: Prazer.

M: Quanto custa essa daqui?

H: Essa daqui só precisando R$ 3.300,00.

M: Tem descontos?

H: Temos. Tem uma promoção em três vezes sem juros e sem entrada.

M: Tem garantia?

H: Sim, garantia de 1 ano.

M: Está ótimo. Vou ficar com ela.

H: Vamos fechar a conta. Precisa de CPF.

SITUAÇÃO 2: 배달을 부탁할 때

M: Vocês fazem entrega a domicílio?

H: Fazemos, mas cobramos uma taxa de R$ 15,00.

M: Qual é o prazo de entrega?

H: É de 3 dias úteis.

M: Posso marcar dia e horário para entrega?

H: Infelizmente não. Mas entregamos no prazo determinado.

M: Então, tá.

H: A senhora precisa preencher aqui com seus dados pessoais e o endereço de entrega.

SITUAÇÃO 3: 교환할 때

H1: Eu comprei uma televisão aqui na semana passada mas já está com defeito. Gostaria de trocar por uma nova.

H2: Claro. O senhor trouxe a nota fiscal?

H1: Sim, aqui está a nota.

H2: Só um momento, vou verificar... Certo, pode escolher uma nova.

APLICAÇÃO

- Com licença, tem esse livro aqui?
- Está esgotado... lamento.

- Posso pagar parcelado?
- Claro! A senhora pode pagar em até seis parcelas.

Móveis

SALA

f – estante

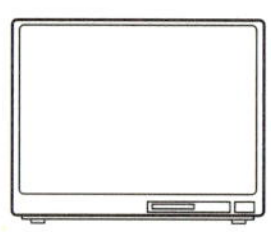
f – televisão/TV

m – aparelho de som

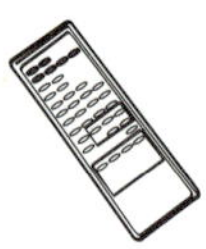
m – controle remoto

m – telefone

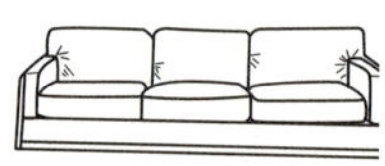
m – sofá

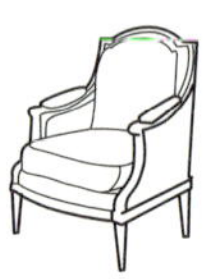
f – poltrona

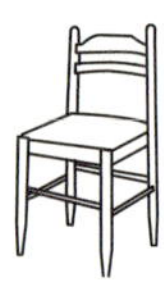
f – cadeira

f – mesa

m – tapete

f – cortina

m – abajur

m – lustre

m – quadro

m – vaso

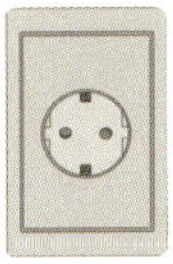

f – tomada

QUARTO

m – armário

m – cabide

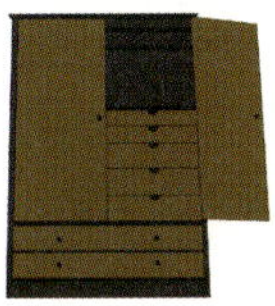

m – guarda-roupa/roupeiro

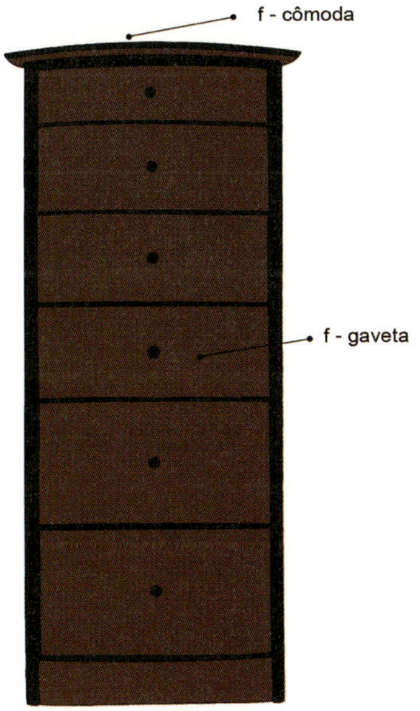

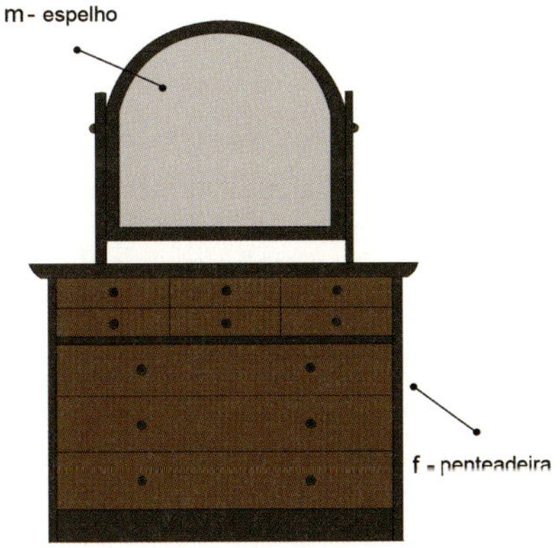

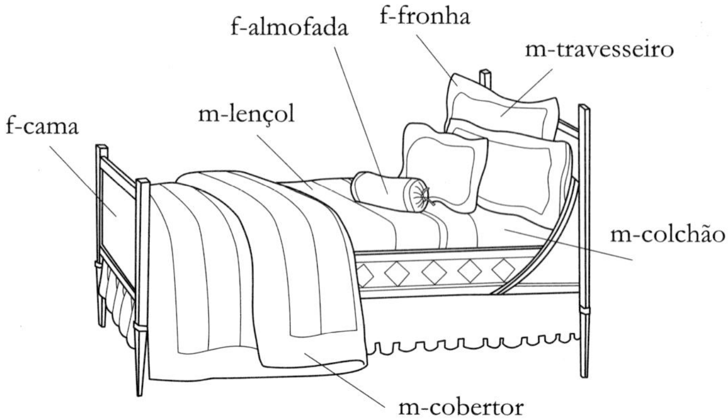

m – criado-mudo

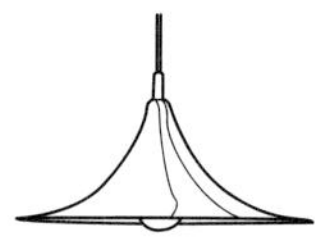
f – lâmpada

m – interruptor

m – despertador

m – retrato

BANHEIRO

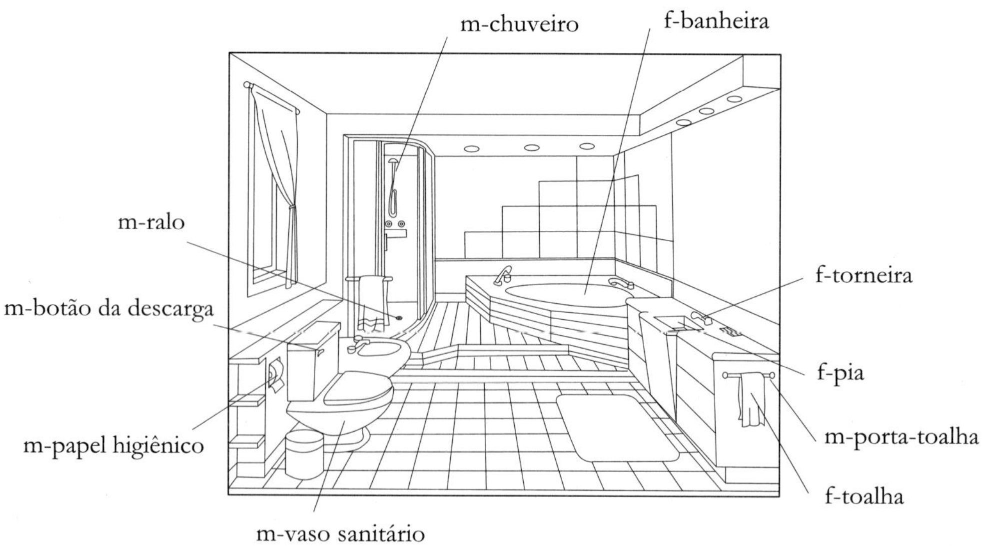

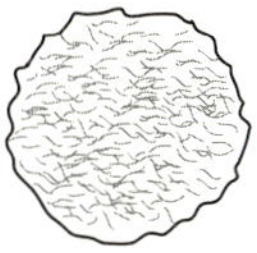

f – esponja

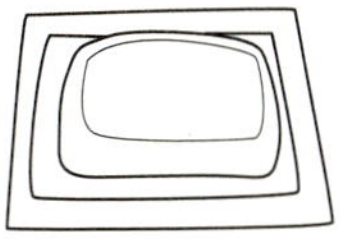

m – sabonete

f – escova de dente

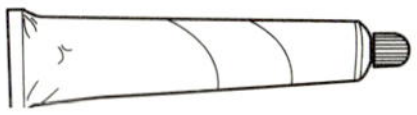

f – pasta de dente

GRAMÁTICA E EXERCÍCIO

[Ficar 동사]

"~이 있다", "머물다", "위치하다", "~이 되다" 등 상태나 그 변화를 나타내는 표현으로 쓰인다.

Até que horas a loja fica aberta? 몇 시까지 상점이 열려있습니까?

Vou ficar em casa. 나는 집에 있을 것이다.

Que chaveiro lindo! Posso ficar com ele? 예쁜 열쇠고리네! 가져도 됩니까?

Você está ficando cada vez mais bonita. 당신은 점점 더 예뻐지고 있다.

Fique à vontade. A casa é sua. 당신의 집처럼 편히 계십시오.

O hotel fica no Centro. 호텔은 쎈뜨루에 위치해 있다.

Ele ficou chateado com o que eu disse. 그는 내가 말한 것에 짜증났다.

A obra ficou pronta. 작업이 다 되었다.

A reunião fica para amanhã. 회의는 내일로 연기된다.

Isso fica só entre nós. 이것은 우리끼리만 아는 거다.

Ela ficou sabendo de tudo. 그녀는 모두 알아차렸다.

연습문제 다음 그림을 보고 대화를 만들어 보세요.

(1)

(2)

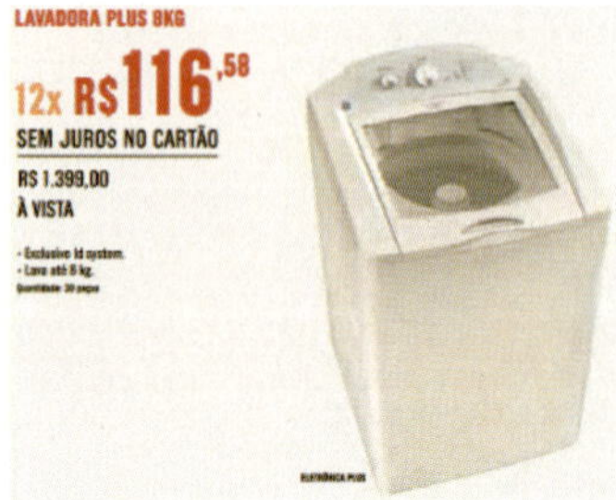

(3)

UM POUCO DE CULTURA BRASILEIRA

Rio de Janeiro

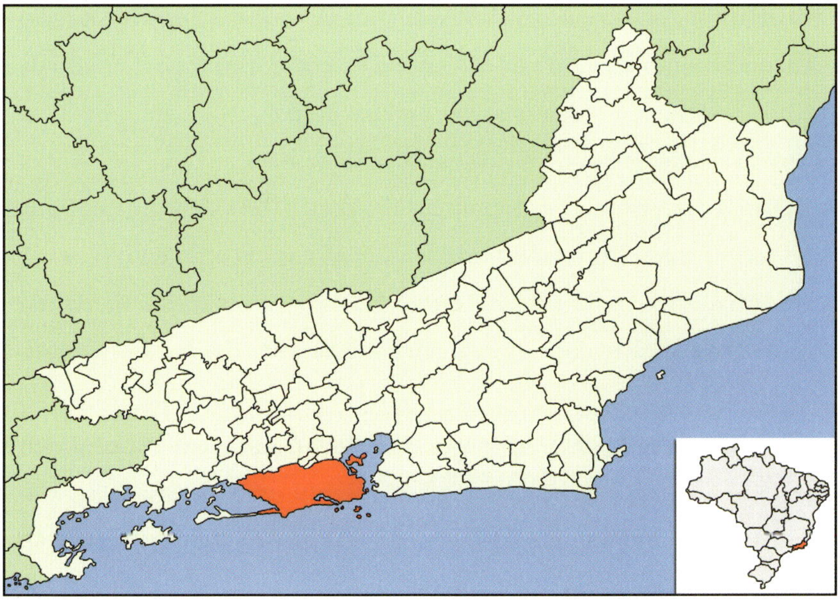

브라질 남동부 Rio de Janeiro주의 주도(州都)
면적: 1,182.296 km²
인구: 6,161,047 명
(*IBGE – 2008)

Rio de Janeiro는 세계 3대 미항 중 하나로 꼽히는 아름다운 항구도시로 '1월의 강'이란 의미를 가지고 있다. 해발 710미터의 Corcovado 언덕 정상에 세워져 있어 리우 시내 어디서나 볼 수 있는 예수상(Cristo Redentor)은 1931년 브라질의 독립 100주년을 기념하여 만든 높이 38m, 좌우길이 28m, 손바닥과 머리 크기 3m, 무게 1145톤의 거대한 기념상이다. 전철이나 승용차를 이용하여 올라가며 아름다운 Rio 시를 사방으로 내려다볼 수 있다. 또 Guanabara만에 우뚝 서있는 원추형 바위산으로 '설탕빵'이란 뜻인 Pão de Açúcar는 케이블카를 타고 396m의 산 정상으로 올라갈 수 있다. 또한 Rio의 가장 유명한 Copacabana해변, <이빠네마의 소녀>라는 Bossa Nova 음악으로도 유명한 Ipanema해변, 22만 명이 입장할 수 있는 세계 최대의 Maracanã경기장, 원추형으로 생긴 독특한 건물디자인의 성당인 Metropolitana성당, 아직도 구식 전차가 나니는 고대 로마의 수도교를 본따서 만든 Carioca 수도교 등이 도시의 명물이다.

O estado do Rio de Janeiro limita a norte e nordeste com o Espírito Santo, a norte e noroeste com Minas Gerais e a oeste com São Paulo. As outras divisas, sul, sudeste e leste, têm o Oceano Atlântico como vizinho por 636 km de extensão. É o menor estado da região Sudeste e um dos menores estados do país, mas com uma linha costeira só superada pela da Bahia e do Maranhão.

Com a terceira maior população do Brasil, 95% dela concentrada nas áreas urbanas, o estado fluminense tem a população com o maior percentual urbano. O turismo é uma das principais fontes de receita dos 92 municípios, com grande acervo histórico e atrativos naturais variados.

Três caravelas aportaram na Baía de Guanabara, em 1º de janeiro de 1502. Esse é o primeiro registro de colonização do território fluminense, atribuído a navegadores cujos nomes a história não registrou. Assim, o Rio de Janeiro nasceu e foi batizado com a data do seu "descobrimento": o nome do primeiro mês, janeiro. Rio que, na verdade, não era um rio, mas uma baía oceânica - a Baía de Guanabara - considerada erroneamente pelos exploradores portugueses como a foz de um grande e caudaloso rio.

Em 1503, o navegador Gonçalo Coelho fundaria no continente uma feitoria que, segundo alguns pesquisadores, teria originado o termo "carioca", significando em tupi "casa do branco".

제8부(19-22강)

여행하기

19강 Qual é o próximo ônibus?

VOCABULÁRIO

conhecer 동 알다
famoso/a 형 유명한, 저명한
sozinho/a 형 홀로, 혼자서
excursão 명 (여) 그룹여행
pacote 명 (남) 패키지, 작은 포장
oferta 명 (여) 제공
roteiro 명 (남) 여정
concordar 동 동의하다
visitar 동 방문하다
cidade 명 (여) 도시
histórico/a 형 역사적인
interessante 형 흥미있는, 재미있는
adorar 동 매우 좋아하다
seguida 명 (여) 연속, 지속
incluído/a 형 포함된
completo/a 형 전체의, 완전한
passagem 명 (여) 승차권
hotel 명 (남) 호텔
passeio 명 (남) 산보, 산책
exatamente 부 정확하게
executivo/a 형 (버스) 비즈니스의
convencional 형 (버스) 일반의
cerca de 부 대략
banheiro 명 (남) 욕실, 화장실
escrever 동 쓰다
número 명 (남) 수, 번호
plataforma 명 (여) 승강장, 플랫폼
viagem 명 (여) 여행

DIÁLOGO

SITUAÇÃO 1: 여행상품 구입할 때

H: Eu queria conhecer os lugares mais famosos do Brasil em 10 dias.

M: O senhor deseja ir sozinho ou numa excursão?

H: Pode ser numa excursão.

M: Temos alguns pacotes em oferta. Olhe aqui.

H: Qual vai ser o roteiro?

M: Nos três primeiros dias, o senhor vai ficar no Rio.

H: Só três dias no Rio? É muito pouco!

M: Concordo, mas só tem dez dias para ir a vários lugares.

H: E depois do Rio?

M: Depois do Rio, visitará as cidades históricas de Minas.

H: Ouvi dizer que essas cidades são muito interessantes.

M: O senhor vai adorar! Em seguida, passará três dias nas Cataratas do Iguaçu.

H: O que está incluído neste pacote?

M: É um pacote completo que inclui passagens aéreas, hotéis e passeios.

H: É exatamente o que eu queria, mas parece um pouco caro... Vou pensar um pouco, obrigado.

M: Tudo bem. Às ordens.

SITUAÇÃO 2: 버스표 구입할 때

M: Boa tarde! Qual é o próximo ônibus para Florianópolis?

H: 16:40h Executivo e 17:15h Convencional.

M: E quanto tempo leva até lá?

H: Cerca de 6 horas.

M: Tem banheiro no ônibus?

H: Tem sim.

M: Uma passagem para o das 16:40h por favor.

H: São R$ 98,95. Por favor, escreva o seu nome e o número do seu documento na passagem.

M: Pois não. Mais uma pergunta. De que plataforma ele sai?

H: Da plataforma 31. Boa viagem!

M: Obrigada!

APLICAÇÃO

- Quais são os pontos turísticos mais famosos desta cidade?
- Há um belo porto e praias lindas aqui.

- Quanto custa esta excursão?
- São R$ 1.200,00 por pessoa.

- Quanto tempo dura essa excursão?
- Duas semanas.

- O guia acompanha a gente?
- Claro, ele vai nos acompanhar em todos os lugares que a gente vai.

- A refeição está incluída no preço?
- Somente o café da manhã.

GRAMÁTICA E EXERCÍCIO

[미래시제]

직설법 미래의 변화는 모든 동사가 동일하게 변화를 한다. 동사 원형에 다음과 같은 어미를 첨가해서 만든다.

	단수	복수
1인칭	-ei	-emos
3인칭	-á	-ão

* 주의: dizer, fazer, trazer 등과 같이 –zer로 끝나는 동사는 "direi, dirá, diremos, dirão", "farei, fará, faremos, farão", "trarei, trará, traremos, trarão"과 같이 변한다.

O avião partirá amanhã às 7 horas. 비행기는 내일 7시에 출발할 것이다.

O relatório estará pronto às 18 horas. 보고서는 18시에 완성될 것이다.

No próximo mês, Maria e Sofia virão passar uns dias conosco.
다음 달에 마리아와 소피아는 우리와 며칠 보내러 올 것이다.

Eu prometo que farei o possível para ser médico.
나는 의사가 되기 의해 최선을 다할 것을 약속한다.

[관계 대명사 que]

명사를 단어가 아닌 문장으로 수식해주고자 하는 경우 관계대명사를 사용하는데 가장 기본적인 형태가 que 이다.

Ele é o professor que nos ensina português.
그는 우리에게 포어를 가르쳐주는 선생님이다.

Elas são as meninas que eu encontrei ontem na escola.
그녀들은 내가 어제 학교에서 만났던 소녀들이다.

Esse é o livro que eu recebi do Paulo.
이것은 내가 빠울루로부터 받은 책이다.

[Saber와 Conhecer 동사]

둘 다 "안다, 알고 있다"라는 뜻을 지니고 있기는 하지만, saber 동사는 개념상의 의미를 나타내는 반면, conhecer 동사는 직접적인 경험을 통한 실질적인 체험의 의미를 나타낸다.

Sei onde fica o Brasil. 나는 브라질이 어디에 위치해 있는지 안다.

Conheço o Brasil. 나는 브라질을 (가봐서) 안다.

Sei quem é o Pedro. 나는 뻬드루가 누구인지 안다.

Conheço o Pedro. 나는 뻬드루를 (만나봐서) 안다.

연습문제 A

다음 동사를 미래로 바꿔 보세요.

(1) Eles __________ (partir) amanhã muito cedo.

(2) Ela não ___________ (falar) mais com você.

(3) Depois, vocês ___________ (visitar) São Paulo.

(4) Nós __________ (trazer) os livros para vocês.

(5) Eu nunca ___________ (fazer) uma crítica preconceituosa.

연습문제 B

다음의 단어를 이용하여 질문에 대답해보세요.

acampar, pintar, fazer caminhada, visitar museus, descansar, ir ao teatro, nadar, pescar, fazer mergulho, esquiar, fazer alpinismo, ler, não fazer nada, estudar, assistir TV, trabalhar

(1) O que você faz quando está de férias? ____________________________

____

____

____

(2) Já fez excursões, viagens organizadas? Fale quais são os seus lugares preferidos dentre os que já conheceu ou deseja conhecer. ____________

____

____

____

(3) O que você vai fazer nas próximas férias? _________________________

____

____

____

UM POUCO DE CULTURA BRASILEIRA

삼바와 카니발

브라질은 일명 카니발의 나라다. 카니발은 포르투갈에서 사순절 전에 사람들이 뒤엉켜 밀가루, 물 등을 던지며 술과 음식을 즐기던 Entrudo란 행사에서 유래하였다. 브라질에서 이 축제를 이끄는 대표적인 리듬인 삼바는 아프리카 흑인들이 노예로 끌려와 노동에 혹사당하던 시절의 고통을 잊으려고 그들 특유의 가락에 맞추어 추던 것으로 리우데자네이루의 카니발을 통해 세계적으로 인기를 끌게 된다. 1928년 최초의 삼바학교가 설립되며 삼바학교들의 경쟁형태로 1960년대엔 상업적 형태를 갖춘다. 이 기간 동안만큼은 인종, 종교, 성별, 빈부의 구분 없이 한데 어우러져 즐기며, 치안문제와 선정성문제가 야기되고 있음에도 불구하고 브라질 국민들의 일체감을 나타내는

초국가적이며 전세계적인 행사이다.

A festa carnavalesca surge a partir da implantação, no século XI, da Semana Santa pela Igreja Católica, antecedida por quarenta dias de jejum, a quaresma. Esse longo período de privações acabaria por incentivar a reunião de diversas festividades nos dias que antecediam a quarta-feira de cinzas, o primeiro dia da quaresma. A palavra "carnaval" está, desse modo, relacionada com a idéia de "afastamento" dos prazeres da carne, marcado pela expressão "carne vale", que, acabou por formar a palavra "carnaval".

Em geral, o carnaval tem a duração de três dias, os dias que antecedem a quarta-feira de cinzas. Em contraste com a quaresma, período de penitência e privação, estes dias são chamados "gordos", em especial a terça-feira (Terça-feira gorda, também conhecida pelo nome francês Mardi Gras), último dia antes da quaresma.

* <http://pt.wikipedia.org/wiki/Carnaval>

20강 Eu gostaria de fazer uma reserva.

VOCABULÁRIO

ida 명 (여) 떠남, 편도
volta 명 (여) 돌아옴, 복귀
voo 명 (남) 항공편, 비행
primeiro/a 형 첫 번째의, 최초의
lotado/a 형 가득 찬, 만원의
vaga 명 (여) 빈 자리
direto/a 형 직행의, 직진의
escala 명 (여) (비행기) 경유
pretender 동 ~인 체하다, ~하려 하다
voltar 동 돌아오다
janela 명 (여) 창, 창문
corredor 명 (남) 복도
bagagem 명 (여) 수하물, 짐
despachar 동 (짐) 부치다
mala 명 (여) 여행용 가방
embarque 명 (남) 탑승, 승선
portão 명 (남) 탑승구, 게이트
avião 명 (남) 비행기
sentado/a 형 앉은, 착석한

DIÁLOGO

SITUAÇÃO 1: 항공권 예약할 때

M1: Eu gostaria de fazer uma reserva de ida e volta para o Rio de Janeiro. A que horas é o primeiro voo na segunda?

M2: Um momento. Vou verificar... Os primeiros voos para o Rio de Janeiro na segunda-feira já estão lotados. Mas ainda temos vagas às 09:50h pela TAM e às 11:50h pela Varig.

M1: São voos diretos?

M2: Não, fazem escala em Curitiba.

M1: Bem, eu prefiro o voo das 09:50h.

M2: E quando a senhora pretende voltar?

M1: No sábado à noite.

M2: Pode ser no voo das 19 horas?

M1: Pode ser.

M2: Então, tá. Vou fazer a reserva.

SITUAÇÃO 2: 탑승 수속할 때

M1: Bom dia! O seu documento e o seu passaporte, por favor.

M2: Aqui estão.

M1: A senhora prefere na janela ou no corredor?

M2: Na janela, por favor.

M1: Tem uma bagagem para despachar?

M2: Tenho. Só esta mala.

M1: Aqui está o seu cartão de embarque. Vá para o Portão 10. Muito obrigada e boa viagem!

M2: Obrigada!

SITUAÇÃO 3: 비행기 경유 방법에 대해 물을 때

M1: Com licença. Quando faz escala, posso descer do avião?

M2: Não pode. A senhora deve permanecer sentada de 10 a 15 minutos para poder seguir a viagem.

M1: Puxa! Tudo isso!?!

APLICAÇÃO

- A senhora deseja carne ou frango?
- Frango, por favor.

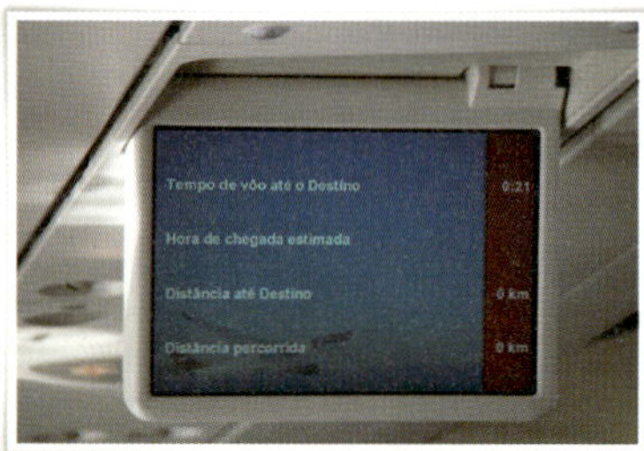

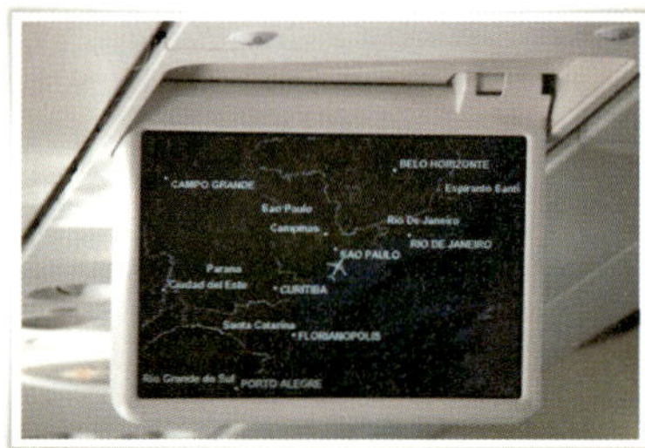

- Quanto tempo falta para chegar em São Paulo?
- Faltam mais ou menos 20 minutos.

- Qual é o propósito da sua visita?

- Vim fazer um curso de português.

- O senhor tem algo a declarar?

- Sim, tenho./Não, não tenho (nada a declarar).

- Onde posso pegar as bagagens do voo 747 da TAM?

- Na esteira 9.

- A minha mala não chegou.

- Preencha este formulário, por favor.

Como preencher um formulário de imigração

CARTÃO DE ENTRADA / SAÍDA

1. Sequencial
2. Nome (Conforme passaporte ou equivalente)
3. Motivo da viagem
   1 Turismo 3 Congressos/Convenções
   2 Negócio 4 Outros
4. N° do passaporte ou equivalente
5. N° Voo

USO OFICIAL 6. Ao chegar país de embarque ou ao sair país de destino

COMPLEMENTO PARA NÃO BRASILEIROS

PARA RESIDENTES NO BRASIL

7. Número do RNE

PARA NÃO RESIDENTES NO BRASIL

USO OFICIAL 8. País de nacionalidade

USO OFICIAL 9. País de residência

10. Sexo
    1 Masculino 2 Feminino

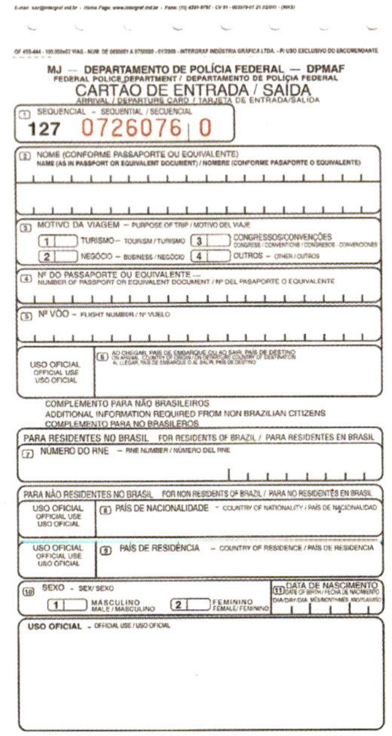

MJ — DEPARTAMENTO DE POLÍCIA FEDERAL — DPMAF
FEDERAL POLICE DEPARTMENT / DEPARTAMENTO DE POLÍCIA FEDERAL
CARTÃO DE ENTRADA / SAÍDA
ARRIVAL / DEPARTURE CARD / TARJETA DE ENTRADA/SALIDA

1 SEQUENCIAL – SEQUENTIAL / SECUENCIAL
127 0726076 | 0

2 NOME (CONFORME PASSAPORTE OU EQUIVALENTE)
NAME (AS IN PASSPORT OR EQUIVALENT DOCUMENT) / NOMBRE (CONFORME PASAPORTE O EQUIVALENTE)

3 MOTIVO DA VIAGEM – PURPOSE OF TRIP / MOTIVO DEL VIAJE
1 TURISMO – TOURISM / TURISMO 3 CONGRESSOS/CONVENÇÕES CONGRESS / CONVENTIONS / CONGRESOS · CONVENCIONES
2 NEGÓCIO – BUSINESS / NEGÓCIO 4 OUTROS – OTHER / OUTROS

4 Nº DO PASSAPORTE OU EQUIVALENTE — NUMBER OF PASSPORT OR EQUIVALENT DOCUMENT / Nº DEL PASAPORTE O EQUIVALENTE

5 Nº VÔO – FLIGHT NUMBER / Nº VUELO

USO OFICIAL / OFFICIAL USE / USO OFICIAL
6 AO CHEGAR, PAÍS DE EMBARQUE OU AO SAIR, PAÍS DE DESTINO

COMPLEMENTO PARA NÃO BRASILEIROS
ADDITIONAL INFORMATION REQUIRED FROM NON BRAZILIAN CITIZENS
COMPLEMENTO PARA NO BRASILEROS

PARA RESIDENTES NO BRASIL FOR RESIDENTS OF BRAZIL / PARA RESIDENTES EN BRASIL
7 NÚMERO DO RNE – RNE NUMBER / NÚMERO DEL RNE

PARA NÃO RESIDENTES NO BRASIL FOR NON RESIDENTS OF BRAZIL / PARA NO RESIDENTES EN BRASIL
USO OFICIAL / OFFICIAL USE / USO OFICIAL 8 PAÍS DE NACIONALIDADE – COUNTRY OF NATIONALITY / PAÍS DE NACIONALIDAD
USO OFICIAL / OFFICIAL USE / USO OFICIAL 9 PAÍS DE RESIDÊNCIA – COUNTRY OF RESIDENCE / PAÍS DE RESIDENCIA

10 SEXO – SEX/ SEXO
1 MASCULINO MALE / MASCULINO 2 FEMININO FEMALE/ FEMENINO
11 DATA DE NASCIMENTO DATE OF BIRTH / FECHA DE NACIMIENTO DIA/DAY/DIA MÊS/MONTH/MES ANO/YEAR/AÑO

USO OFICIAL – OFFICIAL USE / USO OFICIAL

BEM VINDO AO BRASIL
INFORMAÇÕES IMPORTANTES

Preencha o cartão em letra de forma, sem rasura e com caneta esferográfica;

Apresente-o à Polícia Federal, com o passaporte ou documento equivalente, exigindo que ambos sejam carimbados;

Esta é uma exigência legal e um serviço gratuito;

Mantenha a 2ª via do cartão em seu poder. Ela é o comprovante de sua estada legal e será recolhida no seu retorno;

O turista não pode trabalhar;

Para prorrogação do "prazo de estada", dirija-se à Polícia Federal (SPMAF) em qualquer estado, antes de vencer o prazo inicial, munido dos seguintes documentos: a) passaporte ou documento equivalente; b) 2ª via do cartão; c) comprovante de recolhimento da taxa de prorrogação;

Dispense intermediários;

Para qualquer informação ou dúvida, procure a DELEMAF/DPF em qualquer local do país ou ligue aos telefones do verso.

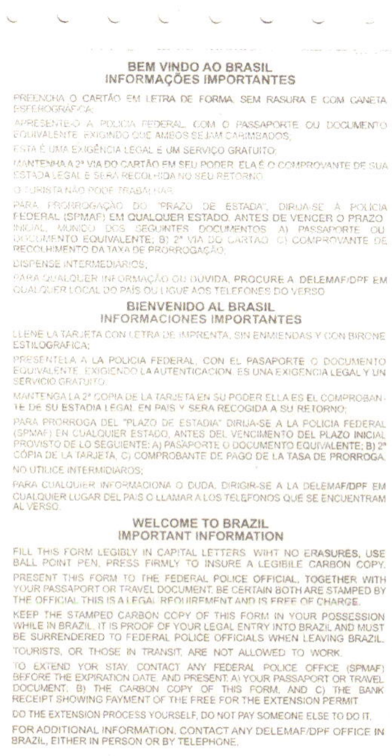

BEM VINDO AO BRASIL
INFORMAÇÕES IMPORTANTES

PREENCHA O CARTÃO EM LETRA DE FORMA, SEM RASURA E COM CANETA ESFEROGRÁFICA;

APRESENTE-O À POLICIA FEDERAL, COM O PASSAPORTE OU DOCUMENTO EQUIVALENTE, EXIGINDO QUE AMBOS SEJAM CARIMBADOS;

ESTA É UMA EXIGÊNCIA LEGAL E UM SERVIÇO GRATUITO;

MANTENHA A 2ª VIA DO CARTÃO EM SEU PODER. ELA É O COMPROVANTE DE SUA ESTADA LEGAL E SERÁ RECOLHIDA NO SEU RETORNO;

O TURISTA NÃO PODE TRABALHAR;

PARA PRORROGAÇÃO DO "PRAZO DE ESTADA", DIRIJA-SE À POLICIA FEDERAL (SPMAF) EM QUALQUER ESTADO, ANTES DE VENCER O PRAZO INICIAL, MUNIDO DOS SEGUINTES DOCUMENTOS: A) PASSAPORTE OU DOCUMENTO EQUIVALENTE; B) 2ª VIA DO CARTÃO; C) COMPROVANTE DE RECOLHIMENTO DA TAXA DE PRORROGAÇÃO;

DISPENSE INTERMEDIÁRIOS;

PARA QUALQUER INFORMAÇÃO OU DÚVIDA, PROCURE A DELEMAF/DPF EM QUALQUER LOCAL DO PAÍS OU LIGUE AOS TELEFONES DO VERSO

BIENVENIDO AL BRASIL
INFORMACIONES IMPORTANTES

LLENE LA TARJETA CON LETRA DE IMPRENTA, SIN ENMIENDAS Y CON BIRONE ESTILOGRAFICA;

PRESENTELA A LA POLICIA FEDERAL, CON EL PASAPORTE O DOCUMENTO EQUIVALENTE, EXIGIENDO LA AUTENTICACION. ES UNA EXIGENCIA LEGAL Y UN SERVICIO GRATUITO;

MANTENGA LA 2ª COPIA DE LA TARJETA EN SU PODER ELLA ES EL COMPROBANTE DE SU ESTADIA LEGAL EN PAIS Y SERA RECOGIDA A SU RETORNO;

PARA PRORROGA DEL "PLAZO DE ESTADIA" DIRIJA-SE A LA POLICIA FEDERAL (SPMAF) EN CUALQUIER ESTADO, ANTES DEL VENCIMIENTO DEL PLAZO INICIAL PROVISTO DE LO SEGUIENTE: A) PASAPORTE O DOCUMENTO EQUIVALENTE; B) 2ª CÓPIA DE LA TARJETA, C) COMPROBANTE DE PAGO DE LA TASA DE PRORROGA.

NO UTILICE INTERMIDIAROS;

PARA CUALQUIER INFORMACIONA O DUDA, DIRIGIR-SE A LA DELEMAF/DPF EM CUALQUIER LUGAR DEL PAIS O LLAMAR A LOS TELEFONOS QUE SE ENCUENTRAM AL VERSO.

WELCOME TO BRAZIL
IMPORTANT INFORMATION

FILL THIS FORM LEGIBLY IN CAPITAL LETTERS WIHT NO ERASURES, USE BALL POINT PEN, PRESS FIRMLY TO INSURE A LEGIBILE CARBON COPY.

PRESENT THIS FORM TO THE FEDERAL POLICE OFFICIAL, TOGETHER WITH YOUR PASSAPORT OR TRAVEL DOCUMENT. BE CERTAIN BOTH ARE STAMPED BY THE OFFICIAL THIS IS A LEGAL REQUIREMENT AND IS FREE OF CHARGE.

KEEP THE STAMPED CARBON COPY OF THIS FORM IN YOUR POSSESSION WHILE IN BRAZIL. IT IS PROOF OF YOUR LEGAL ENTRY INTO BRAZIL AND MUST BE SURRENDERED TO FEDERAL POLICE OFFICIALS WHEN LEAVING BRAZIL.

TOURISTS, OR THOSE IN TRANSIT, ARE NOT ALLOWED TO WORK.

TO EXTEND YOR STAY, CONTACT ANY FEDERAL POLICE OFFICE (SPMAF) BEFORE THE EXPIRATION DATE, AND PRESENT: A) YOUR PASSAPORT OR TRAVEL DOCUMENT, B) THE CARBON COPY OF THIS FORM, AND C) THE BANK RECEIPT SHOWING PAYMENT OF THE FREE FOR THE EXTENSION PERMIT

DO THE EXTENSION PROCESS YOURSELF, DO NOT PAY SOMEONE ELSE TO DO IT.

FOR ADDITIONAL INFORMATION, CONTACT ANY DELEMAF/DPF OFFICE IN BRAZIL, EITHER IN PERSON OR BY TELEPHONE.

GRAMÁTICA E EXERCÍCIO

[Fazer 동사]

"~을 만들다", "~하다"의 뜻을 지니고 있으며, 주어의 행위를 나타내는 동작동사부터 비인칭 용법(시간, 기후), 사역동사까지 다양한 표현으로 사용된다.

O artista fez todas estas obras e muitas outras. 예술가는 이 모든 작품들과 많은 다른 작품들을 만들었다.

Minha mãe faz comida para mim. 나의 어머니는 나를 위해 음식을 만든다.

As crianças fizeram muito barulho. 아이들은 매우 시끄럽게 했다.

Eu faço ginástica todos os dias. 나는 매일 운동한다.

Eu fiz uma reserva do hotel. 나는 호텔 예약을 했다.

Faz dois anos que moro aqui. 내가 여기에 산지 2년 되었다.

Faz muito calor no Rio de Janeiro. 리우데자네이루는 매우 덥다.

O terremoto fez a cidade tremer. 지진이 도시를 흔들리게 했다.

Você me fez de bobo. 당신은 나를 바보로 만들었다.

연습문제 A 다음 대화를 완성해 보세요.

A: Oi, eu quero fazer uma reserva para São Paulo, partindo no dia 30 de abril, com volta para o dia 10 de maio.

B: Me desculpe, ____.

A: E saindo no dia 29?

B: O senhor tem alguma preferência de horário?

A: ____.

B: Só um momento, por favor. Sim temos um __________ às 9. __________ do Rio no dia 29 de abril e __________ no dia 10 de maio.

A: Quero ____.

B: Muito bem, está __________ para o voo 123 da Tam.

A: Obrigado.

연습문제 B

다음 신청양식을 작성해 보세요.

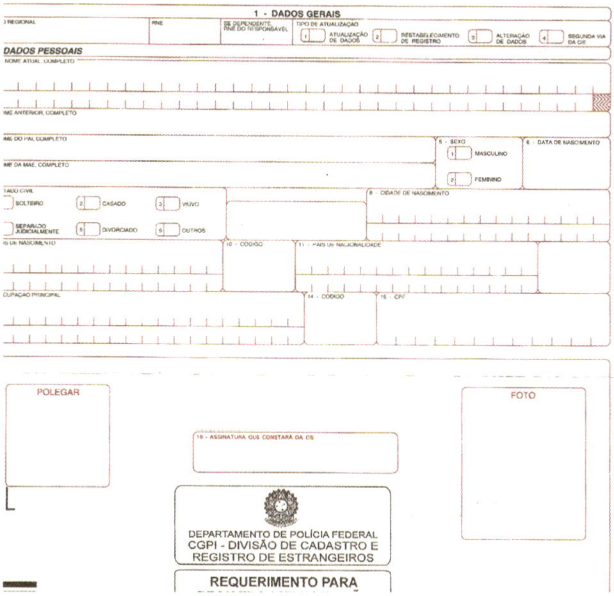

1 - DADOS GERAIS

DADOS PESSOAIS

POLEGAR

FOTO

DEPARTAMENTO DE POLÍCIA FEDERAL
CGPI - DIVISÃO DE CADASTRO E
REGISTRO DE ESTRANGEIROS

REQUERIMENTO PARA

REQUERIMENTO PARA REGISTRO / ATUALIZAÇÃO

1 – DADOS GERAIS

1 - DADOS PESSOAIS

1 – Nome atual, completo

____

2 – Nome anterior, completo

____

3 – Nome do pai, completo

____

4 – Nome da mãe, completo

____

5 – Sexo

1 Masculino　　2 Feminino

6 – Data de nascimento

7 – Estado civil

[1] Solteiro [2] Casado [3] Viúvo [4] Separado judicialmente

[5] Divorciado [6] Outros

8 – Cidade de nascimento

9 – País de nascimento

11 – País de nacionalidade

13 – Ocupação principal

15 – CPF

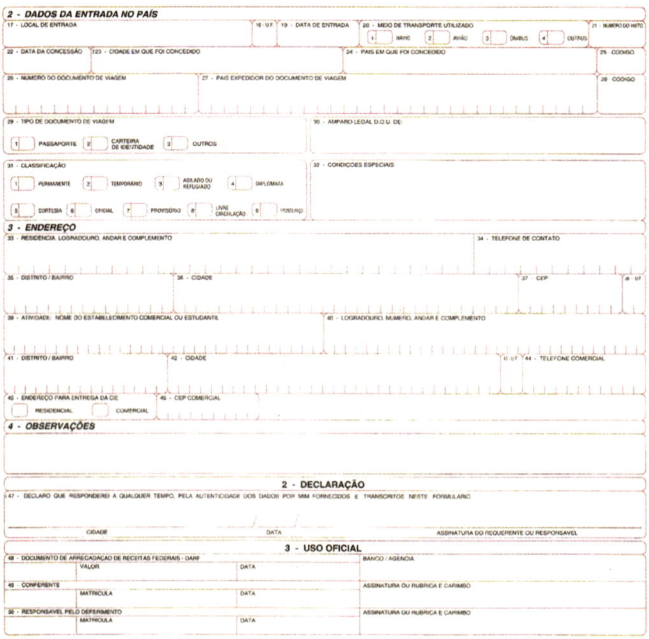

2 - DADOS DA ENTRADA NO PAÍS

17 - LOCAL DE ENTRADA | 18 - U.F. | 19 - DATA DE ENTRADA | 20 - MEIO DE TRANSPORTE UTILIZADO: 1 NAVIO, 2 AVIÃO, 3 ÔNIBUS, 4 OUTROS | 21 - NÚMERO DO VISTO

22 - DATA DA CONCESSÃO | 23 - CIDADE EM QUE FOI CONCEDIDO | 24 - PAÍS EM QUE FOI CONCEDIDO | 25 - CÓDIGO

26 - NÚMERO DO DOCUMENTO DE VIAGEM | 27 - PAÍS EXPEDIDOR DO DOCUMENTO DE VIAGEM | 28 - CÓDIGO

29 - TIPO DE DOCUMENTO DE VIAGEM: 1 PASSAPORTE, 2 CARTEIRA DE IDENTIDADE, 3 OUTROS | 30 - AMPARO LEGAL D.O.U. DE:

31 - CLASSIFICAÇÃO: 1 PERMANENTE, 2 TEMPORÁRIO, 3 ASILADO OU REFUGIADO, 4 DIPLOMATA, 5 CORTESIA, 6 OFICIAL, 7 PROVISÓRIO, 8 LIVRE CIRCULAÇÃO, 9 FRONTEIRIÇO | 32 - CONDIÇÕES ESPECIAIS

3 - ENDEREÇO

33 - RESIDÊNCIA, LOGRADOURO, ANDAR E COMPLEMENTO | 34 - TELEFONE DE CONTATO

35 - DISTRITO / BAIRRO | 36 - CIDADE | 37 - CEP | 38 - UF

39 - ATIVIDADE: NOME DO ESTABELECIMENTO COMERCIAL OU ESTUDANTIL | 40 - LOGRADOURO, NÚMERO, ANDAR E COMPLEMENTO

41 - DISTRITO / BAIRRO | 42 - CIDADE | 43 - UF | 44 - TELEFONE COMERCIAL

45 - ENDEREÇO PARA ENTREGA DA CIE: RESIDENCIAL, COMERCIAL | 46 - CEP COMERCIAL

4 - OBSERVAÇÕES

2 - DECLARAÇÃO

47 - DECLARO QUE RESPONDEREI A QUALQUER TEMPO, PELA AUTENTICIDADE DOS DADOS POR MIM FORNECIDOS E TRANSCRITOS NESTE FORMULÁRIO

CIDADE | DATA | ASSINATURA DO REQUERENTE OU RESPONSÁVEL

3 - USO OFICIAL

48 - DOCUMENTO DE ARRECADAÇÃO DE RECEITAS FEDERAIS - DARF: VALOR, DATA | BANCO / AGÊNCIA

49 - CONFERENTE: MATRÍCULA, DATA | ASSINATURA OU RUBRICA E CARIMBO

50 - RESPONSÁVEL PELO DEFERIMENTO: MATRÍCULA, DATA | ASSINATURA OU RUBRICA E CARIMBO

2 – DADOS DA ENTRADA NO PAÍS

17 – Local de entrada

____

18 – U.F.

____

19 – Data de entrada

____

20 – Meio de transporte utilizado

[1] Navio [2] Avião [3] Ônibus [4] Outros

21 – Número do visto

____

22 – Data da concessão

____

23 – Cidade em que foi concedido

____

24 – País em que foi concedido

____

26 – Número do documento de viagem

____

27 – País expedidor do documento de viagem

____

29 – Tipo de documento de viagem

[1] Passaporte [2] Carteira de identidade [3] Outros

31 – Classificação

[1] Permanente [2] Temporário [3] Asilado ou Refugiado [4] Diplomata
[5] Cortesia [6] Oficial [7] Provisório [8] Livre circulação
[9] Fronteiriço

3 - ENDEREÇO

33 – Residência, logradouro, andar e complemento

---

34 – Telefone de contato

---

35 – Distrito/Bairro

---

36 – Cidade

---

37 – CEP

---

38 – U.F.

---

39 – Atividade: nome do estabelecimento comercial ou estudantil

---

40 – Logradouro, número, andar e complemento

---

41 – Distrito/Bairro

---

42 – Cidade

---

43 – U.F.

---

44 – Telefone comercial

---

45 – Endereço para entrega da CIE

1 Residencial 2 Comercial

46 – CEP comercial

---

2 – DECLARAÇÃO

47 – Declaro que responderei a qualquer tempo, pela autenticidade dos dados por mim fornecidos e transcritos neste formulário.

________ (Cidade) __/__/__ (Data) ___________ (Assinatura do requerente ou responsável)

UM POUCO DE CULTURA BRASILEIRA

São Paulo

브라질 남동부 São Paulo 주의 주도(州都)
면적: 1,522.986 km²
인구: 10,990,249 명
(*IBGE – 2008)

브라질의 지하철은 대도시라 해도 아직 노선이 별로 없어서 우리나라처럼 효율적인 교통수단이 되지 못하고 있다. 하지만 남아메리카 최대의 도시 São Paulo에서는 지하철이 없어서는 안될 '서민의 발'이다. 브라질 제1의 경제 도시이기도 한 São Paulo는 19세기에 커피 산업이 발전하면서 세계 각지의 이주민들이 모여들어 오늘날과 같은 대도시로 성장했다. São Paulo란 이름은 1554년 전도를 목적으로 이 곳에 촌락을 세운 예수회 수도사의 이름을 따서 지은 이름이다. 다른 도시들에 비해 유명 관광지나 유적지는 적은 편이지만, 산업, 문화, 금융, 상공업의 중심지이자 브라질 전체 인구의 약 7%가 밀집된 대도시이다.

São Paulo, a capital do Estado de São Paulo, é a maior cidade do Brasil.

São Paulo foi fundada por padres jesuítas, que vieram ao Brasil para catequizar os índios. Para alcançar tribos afastadas, os jesuítas deixaram o litoral e subiram a Serra do Mar, chegando ao planalto de Piratininga, a 700 metros acima do nível do mar. Aí, no dia 25 de janeiro de 1554, fundaram um pequeno colégio, o início de uma aldeia.

A posição da pequena aldeia não era favorável para seu desenvolvimento, pois a floresta fechada e a Serra do Mar a separavam do litoral, onde se desenvolvia a vida da colônia. Durante três séculos, a aldeia de São Paulo de Piratininga pouco cresceu. A partir do século XIX, no entanto, por causa do trabalho de seus habitantes, brasileiros e imigrantes europeus, a aldeia começou a progredir rapidamente.

Um dos fatores desse progresso intenso foi a grande produção de café. São Paulo deve a este produto grande parte de seu desenvolvimento. A riqueza que ele trouxe fez, depois, nascer a indústria paulista.

Hoje São Paulo é o maior centro industrial brasileiro. Nele tudo se produz. É, também, o grande centro financeiro do país. Uma das maiores cidades do mundo, nela vivem e trabalham pessoas de todas as regiões do país e do globo. Por isso, São Paulo, a pequenina aldeia no planalto de Piratininga, é hoje uma cidade de mil faces, feias e bonitas. Uma cidade surpreendente.

* Emma Eberlein O. F. Lima & Samira A. Iunes, *Falar... Ler... Escrever... português: um curso para estrangeiros*, 2. ed., São Paulo: EPU, 1999, pp. 90-91.

21강 Um apartamento duplo, por favor.

VOCABULÁRIO

apartamento 명 (남) 아파트, 객실
duplo/a 형 더블 룸의, 2인실의
confirmar 동 확인하다
saída 명 (여) 나김, 체크아웃
dispor 동 이용 가능하다, 배치하다,
chave 명 (여) 열쇠
quarto 명 (남) 침실
chuveiro 명 (남) 샤워기
funcionar 동 작동하다
quente 형 따뜻한, 더운
mandar 동 보내다, 명령하다
consertar 동 고치다, 수선하다
fechar 동 닫다, 마감하다.
frigobar 명 (남) 미니냉장고
mineral 형 광물의, 미네랄의
gás 명 (남) 가스, 탄산
lata 명 (여) 깡통, 캔
chamar 동 부르다, 호출하다
táxi 명 (남) 택시

DIÁLOGO

SITUAÇÃO 1: 호텔 예약할 때

H1: Hotel Lar Residence André, bom dia.

H2: Bom dia, eu queria fazer uma reserva para o dia 24 de dezembro.

H1: De que tipo de apartamento o senhor gostaria?

H2: Um apartamento duplo, por favor.

H1: Quanto tempo o senhor pretende ficar?

H2: 5 dias.

H1: Seu nome, por favor.

H2: Ederson Martins Ramos.

H1: Tá reservado, senhor Ederson. Confirme a sua reserva, por favor. Um apartamento para duas pessoas. Entrada no dia 24 de dezembro e saída no dia 29 de dezembro.

H2: Tá certo, obrigado.

H1: Disponha e tenha um bom dia.

SITUAÇÃO 2: 체크인할 때

H1: Boa tarde. Pois não?

H2: Boa tarde. Eu fiz uma reserva em nome de Ederson Martins Ramos.

H1: Um momento, por favor. Senhor Ederson, o senhor podia preencher esta ficha, por favor?

H2: Claro.

SITUAÇÃO 3: 객실 열쇠를 찾을 때

H: Pois não?

M: A minha chave, por favor.

H: Qual é o número do seu quarto?

M: 217.

H: Mais alguma coisa?

M: O chuveiro do meu quarto não está funcionando. Não sai água quente.

H: Vou mandar uma pessoa consertar.

M: Obrigada.

SITUAÇÃO 4: 체크아웃할 때

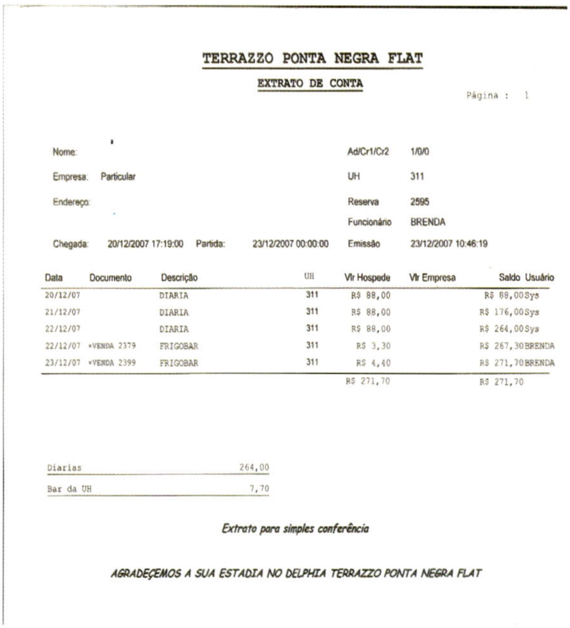

TERRAZZO PONTA NEGRA FLAT

EXTRATO DE CONTA

Página : 1

Nome:

Empresa: Particular

Endereço:

Ad/Cr1/Cr2 1/0/0

UH 311

Reserva 2595

Funcionário BRENDA

Chegada: 20/12/2007 17:19:00 Partida: 23/12/2007 00:00:00 Emissão 23/12/2007 10:46:19

Data	Documento	Descrição	UH	Vlr Hospede	Vlr Empresa	Saldo Usuário
20/12/07		DIARIA	311	R$ 88,00		R$ 88,00 Sys
21/12/07		DIARIA	311	R$ 88,00		R$ 176,00 Sys
22/12/07		DIARIA	311	R$ 88,00		R$ 264,00 Sys
22/12/07	*VENDA 2379	FRIGOBAR	311	R$ 3,30		R$ 267,30 BRENDA
23/12/07	*VENDA 2399	FRIGOBAR	311	R$ 4,40		R$ 271,70 BRENDA
				R$ 271,70		R$ 271,70

Diarias	264,00
Bar da UH	7,70

Extrato para simples conferência

AGRADEÇEMOS A SUA ESTADIA NO DELPHIA TERRAZZO PONTA NEGRA FLAT

H1: Eu gostaria de fechar a minha conta.

H2: Pois não. O senhor usou o frigobar?

H1: Sim, uma água mineral sem gás e duas latas de cerveja.

H2: Aqui está a sua conta.

H1: Vou pagar com cartão de crédito.

H2: Verifique e assine para mim.

H1: Tá certo. Você poderia chamar um táxi para mim?

H2: Sim, senhor.

APLICAÇÃO

- Quanto é a diária?
- 80 reais por noite, mais a taxa de serviço.

- Eu queria me hospedar esta noite.
- Me desculpe, mas nós não temos nenhum apartamento disponível esta noite.

- O senhor prefere um apartamento com duas camas de solteiro ou uma de casal?
- Com duas camas individuais.

- Poderia me acordar às seis horas da manhã, por favor?
- Sim senhor.

- Poderia guardar a minha bagagem até as 5 horas?
- Pois não.

GRAMÁTICA E EXERCÍCIO

[Preferir 동사]

<preferir + A (+ a + B)>의 형태로 쓰이며, "(B보다) A를 더 선호하다"라고 표현할 때 사용한다.

Eu prefiro a outra sala a esta. 나는 이 방보다 다른 방을 선호한다.

Nós preferimos um hotel mais barato. 우리는 더 싼 호텔을 선호한다.

Ela prefere viajar de carro. 그녀는 차로 여행하는 것을 선호한다.

Vocês preferem morar em casa ou apartamento? 당신들은 가정 집과 아파트 중 어디에 사는 것을 선호합니까?

O senhor prefere um quarto de frente ou de fundos?
손님은 정면과 안쪽 중 어떤 방을 선호합니까?

연습문제 A 다음 주어진 단어를 이용하여 preferir 동사로 문장을 만들어 보세요.

teatro-cinema	samba-bossa nova	tranquilo
casa-apartamento	camisa-camiseta	chique
hotel-camping	interessante	gostoso
carne-peixe	alegre	confortável
montanha-praia	seguro	

Exemplo: Prefiro ir ao teatro. Acho mais interessante.

____

____

____

____

____

연습문제 B 다음의 주어진 단어를 이용하여 그림에 대해 설명해 보세요.

Os serviços no apartamento
O conforto
A tranquilidade
Os apartamentos
O restaurante
Os chalés
A área de lazer
Os salões de evento
A privacidade
A localização
A diária

UM POUCO DE CULTURA BRASILEIRA

브라질의 숙박업소

다른 여느 나라와 마찬가지로 브라질에는 유스호스텔에 해당하는 Albergue부터 민박 혹은 펜션과 비슷한 형태의 Pousada, 그리고 등급별로 구분되어 있는 호텔에 이르기까지 다양한 형태의 숙박업소가 있다. 그러나 한달 이상 1년 미만의 기간 동안 체류를 하고자 할 때는 호텔보다는 아무래도 거주 비용을 감안해서 임대를 생각하게 되는데, 브라질에서는 한국과 같이 부동산 중개인을 통해서 집을 구하기도 하지만 목요일과 일요일 일주일에 두 번씩 신문의 'imóveis'라는 부동산 정보 섹션에 실리는 신문광고를 통해서 직거래를 하는 경우가 많다. 이 방법은 부동산 중개비용을 줄일 수 있다는 장점이 있는 반면, 직접 일일이 집주인과 약속을 해야 하고 계약을 할 때도 생소한 포르투갈어 사용으로 의사소통에 어려움을 겪을 수 있기 때문에 많은 시간과 노력을 필요로 한다는 단점을 가지고 있다. 또한 브라질에서는 간혹 지역에 따라 전화와 인터넷을 설치하는데 한달 정도가 걸리는 경우가 있으므로 외국인과 같이 단기간 동안 머물 거주지를 구할 때는 대개 모든 편의시설 및 주방시설까지 완비되어 있으면서 호텔보다는 가격이 저렴한 레지던스 호텔(flat) 혹은 단기 임대 아파트(apartamentos para temporada)와 같은 형태의 집을 얻는 게 훨씬 효율적이다.

A hospedagem é uma edificação que exerce o comércio da recepção e da hospedagem dos turistas e visitantes em geral. Uma hospedagem constitui-se de um edifício ou prédio contendo basicamente unidades habitacionais, uma recepção e uma governança. Podendo ter ainda na estrutura, alimentos e bebidas, que compreende: cozinha, adega, restaurante, bar, cantina e despensa. Pode contar ainda com: estacionamento externo, garagem interna e área de lazer.

Os meios de hospedagem são variados, compreendendo de um simples albergue a um *mega hotel resort*. O *albergue* caracteriza-se por dispor de acomodações coletivas e público alvo jovem. No Brasil, a *pousada* se constitui em um modelo rústico de hospedagem contando com unidades habitacionais individualizadas e com decoração identificada com a localidade. Já em Portugal a *pousada* está associada a um turismo de qualidade. Já um camping, configura-se em geral, como um espaço aberto localizado próximo a áreas verdes ou praias.

* <http://pt.wikipedia.org/wiki/Alojamento>

22강 Poderia tirar uma foto para nós?

VOCABULÁRIO

turístico/a 형 관광의
história 명 (여) 역사
cultura 명 (여) 문화
pegar 동 잡다, 타다
partir 동 떠나다, 출발하다
andar 명 (남) 층
superior 형 위의, 우수한
inferior 형 아래쪽의, 열등한
tirar 동 뽑다, (사진을) 찍다
foto 명 (여) 사진
nós 인칭대 우리들
apertar 동 누르다
botão 명 (남) 단추
sorrir 동 미소 짓다
pronto/a 형 준비된, 각오가 되어있는
curioso/a 형 호기심 나는
movimentado/a 형 생생한, 활동적인
melhor 형 보다 좋은, 더 나은

DIÁLOGO

SITUAÇÃO 1: 관광정보에 대해 문의할 때

M: Tem algum ônibus que faz um passeio turístico pela cidade?

H: Tem. É muito bom para conhecer a história e a cultura daqui.

M: Onde posso pegar esse ônibus?

H: O ônibus parte na frente da Secretaria Municipal de Turismo.

M: Quanto custa por pessoa?

H: 10 reais no segundo piso e 8 reais no primeiro piso.

SITUAÇÃO 2: 사진 촬영 부탁할 때

M: Com licença. Por favor, poderia tirar uma foto para mim?

H: Claro.

M: É só apertar este botão aqui.

H: Está bem. Sorria. Um, dois, três e já. Pronto.

M: Obrigada.

H: Não há de quê.

SITUAÇÃO 3: 관광 안내 받을 때

H: Oi, Susana! Tudo bom? Quanto tempo!
(Trocando beijinhos...)

M: Pois é, quanto tempo! Você fez boa viagem?

H: Fiz, obrigado.

M: Vou te mostrar a cidade.

H: Ótimo! Estou curioso para conhecer.

M: (Olhando para frente...) Essa é uma das ruas mais movimentadas da cidade. Aqui você encontra os melhores restaurantes e bares.

H: Podemos jantar num desses restaurantes hoje à noite.

M: Boa ideia! (Indicando a um restaurante) A comida daquele restaurante ali é muito boa.

H: Então, vamos.

APLICAÇÃO

- Onde fica a informação turística?
- Fica no primeiro andar.

- Poderia me dar um mapa da cidade?
- Claro, aqui está.

- A que horas abre o Museu de Arte de São Paulo?
- Às 10h da manhã.

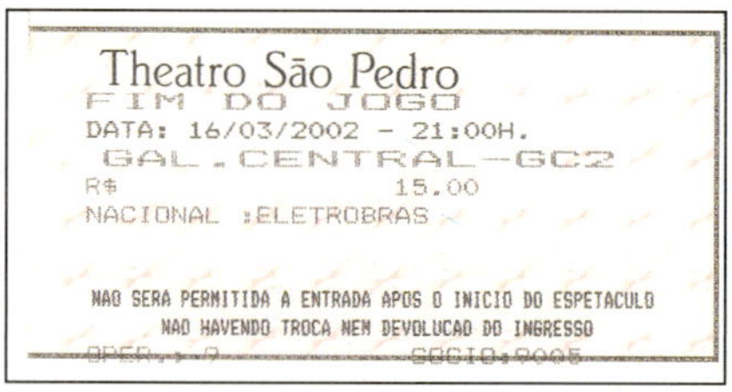

- Quanto é a entrada?
- É/São 15 reais por pessoa.

- Tem algum lugar onde eu possa comprar umas lembrancinhas daqui?
- Acho melhor ir à feira de artesanato. Lá você pode encontrar várias coisas interessantes.

GRAMÁTICA E EXERCÍCIO

[É bom + 동사원형....]

비인칭 구문으로 "~하는 것이 좋다" 라는 의미를 갖는다. "~하는 것은 ~하다"라는 표현은 대부분 위와 같은 형태의 비인칭 구문으로 만든다.

É importante falar assim. 이렇게 말하는 것은 중요하다.

É difícil fazer amizade com ela. 그녀와 사귀는 것은 어렵다.

Não é fácil dizer a verdade agora. 지금 진실을 말하는 것은 쉽지 않다.

[우등비교]

"A가 B보다 더 ~하다"라는 의미를 표현하는데 사용되며 <A + 동사 + mais 명사/형용사/부사 (do) que + B> 라는 형식으로 구성된다. 이 문형에서는 do의 생략이 가능하다.

Minha irmã come mais (do) que todo mundo. 내 여동생은 누구보다도 더 많이 먹는다.

Paulo comprou mais livros (do) que eu. 빠울루는 나보다 더 많은 책을 샀다.

José é mais preguiçoso (do) que João. 쥬제는 쥬엉보다 더 게으르다.

Maria mora mais longe (do) que você. 마리아는 당신보다 더 멀리에 산다.

그러나 다음 형용사들은 우등비교의 어휘항목을 따로 갖고 있으며 이들은 우등비교를 표현할 때 형용사 앞에 mais를 붙이지 않고 각각에 해당하는 비교급 어휘를 사용한다.

원급 형용사	비교급 형용사
bom	melhor
mau	pior
grande	maior
pequeno	menor

Seu inglês é melhor (do) que o meu. 당신의 영어는 내 영어보다 더 낫다.

A situação estava pior (do) que eu imaginava. 상황이 내가 생각했던 것보다 더 나빴다.

O Brasil é maior (do) que a Coreia. 브라질은 한국보다 더 크다.

A Coreia é menor (do) que o Brasil. 한국은 브라질보다 더 작다.

최상급은 <주어 + 동사 + 정관사 + mais 형용사 + de 명사/que 구문>의 형식으로 구성된다.

Ela é a aluna mais estudiosa da escola. 그녀는 학교에서 가장 학구적인 여학생이다.

São Paulo é a maior cidade do Brasil. 상파울루는 브라질에서 가장 큰 도시이다.

Ele é o mais velho de todos. 그는 모든 사람 중에 가장 나이가 많다.

Rafaela é a mais bonita que eu já vi. 하파엘라는 내가 지금까지 본 사람 중에 가장 예쁘다.

다음 표에 따라 주어진 단어를 이용하여 우등비교급 혹은 최상급 문장을 만들어 보세요.

	 Ocean Air	 Webjet	 Azul
	$$$	$$	$
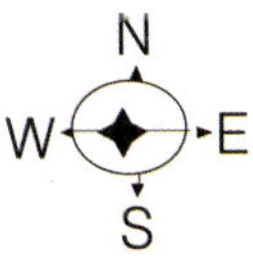	centro da cidade	25 km da cidade	99 km da cidade
	incluído	incluído	não incluído
	09 h 55 min	14 h 05 min	06 h 40 min
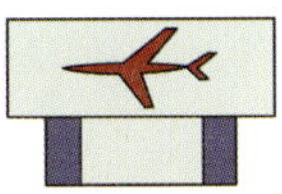	voo direto	uma escala	voo direto

acessível / barato / caro / conveniente / disponível / econômico / longe / perto / rápido

UM POUCO DE CULTURA BRASILEIRA

Ouro Preto

브라질 남동부 Minas Gerais주의 대표적인 관광 도시
면적: 1,245.114 km^2
인구: 69,251 명
(*IBGE – 2008)

Ouro Preto는 Minas Gerais주의 첫 번째 주도(州都)로, 17세기 말 내륙개척단(Bandeirante)에 의해 금광이 발견되면서 1711년 '부촌'이라는 뜻의 'Vila Rica'라는 이름으로 설립되었다. 전설의 고장 'El Dorado'를 꿈꾸며 이곳을 찾는 이주민들의 발길이 끊이지 않으면서 금광 붐이 절정에 달했던 1750년경 당시 Rio de Janeiro 인구의 5배에 달하는 11만 명의 인구가 살고 있었을 정도로 Ouro Preto는 정치·경제·사상·문학·미술·건축 등 다방면에 걸쳐 융성한 발전을 거듭하며 18세기 브라질에서 가장 번성했던 도시였다. 특히 초기 이 지역에서는 산화철로 덮인 검은색의 금이 많이 발견되었는데, 이 때문에 1823년부터는 '검은 금'이라는 뜻의 'Ouro Preto'로 명칭이 바뀌게 되었다. 도시 전체가 살아 숨쉬는 역사박물관이라는 평가를 받고 있을 정도로 18세기 당시 브라질의 모습이 그대로 보존되어 있는 Ouro Preto는 1980년 유네스코 세계유산으로 등재되었다.

Protegida pelas montanhas, Ouro Preto, antes Vila Rica e antiga capital de Minas Gerais, concentra a história do ciclo do ouro do Brasil, do século XVII ao XVIII. Os exploradores e as ordens religiosas sabiamente a povoaram com ruas empedradas, austeros casarios e igrejas pequenas por fora mas luxuosas por dentro. O resultado arquitetônico é de uma harmonia comovente. Dois gênios das artes brasileiras, o arquiteto e escultor Antônio Francisco Lisboa, o Aleijadinho, nascido em Ouro Preto, e o pintor Mestre Ataíde, de Mariana, contribuíram com criatividade e emoção para fazer de Ouro Preto uma cidade única. Foi aqui, a 99 quilômetros de Belo Horizonte, que surgiu o primeiro grande movimento de independência, a Inconfidência Mineira, que resultou na morte de Joaquim José da Silva Xavier, o Tiradentes.

제9부(23-24강)

긴급상황

23강

Eu estou com febre...

VOCABULÁRIO

saúde 명 (여) 건강
gripado/a 형 감기에 걸린
ar condicionado 명 (남) 에어컨
febre 명 (여) 열
indisposto/a 형 마음이 내키지 않는, 컨디션이 좋지 않은
conseguir 동 성취하다, 할 수 있다
parar 동 멈추다
tossir 동 기침하다
médico/a 명/형 의사, 의사의
consulta 명 (여) 진찰, 진료, 상담
cliente 명 환자, 고객
marcado/a 형 정해진, 예정된
dor 명 (여) 고통, 통증
garganta 명 (여) 기관지
dificuldade 명 (여) 어려움
engolir 동 삼키다
alimento 명 (남) 식품, 영양분, 음식물
comer 동 먹다
examinar 동 검사하다, 진찰하다, 조사하다
paciente 명 환자
inflamado/a 형 염증이 생긴
grave 형 중대한, 심각한
receita 명 (여) (의)처방, 처방전, 조리법
injeção 명 (여) 주사, 주입
antibiótico 명 (남) 항생제
remédio 명 (남) 약
gripe 명 (여) 감기

DIÁLOGO

SITUAÇÃO 1: 몸이 아플 때

H: Atchim!

M: Saúde! Você está gripado?

H: Sim, peguei uma gripe por causa do ar condicionado.

M: Está com febre?

H: Não, mas estou muito indisposto e não consigo parar de tossir.

M: Acho que você tem que ir ao médico.

SITUAÇÃO 2: 진찰 예약할 때

(Triim... Triim)

M: Consultório da Dra. Marta, boa tarde.

H: Boa tarde. Eu queria marcar uma consulta para amanhã.

M: O senhor já é nosso paciente?

H: Não. É a primeira vez.

M: Seu nome, por favor.

H: Alex Silva.

M: Qual horário o senhor prefere?

H: Eu prefiro às 2 da tarde.

M: Está bem. Sua consulta está marcada para amanhã às 14 horas.

H: Obrigado.

M: De nada.

SITUAÇÃO 3: 진찰할 때

M1: O que a senhora tem?

M2: Tossi a noite toda e estou com muita dor de garganta.

M1: Tem dificuldade de engolir os alimentos?

M2: Sim, não dá para aguentar. Não consigo comer quase nada.

M1: (A médica examina a paciente) A garganta está um pouco inflamada mas não é nada grave. Vou dar uma receita.

M2: Ih, doutora, injeção não!

M1: Não é injeção. A senhora precisa tomar um antibiótico.

M2: Está bem. Muito obrigada.

M1: De nada.

SITUAÇÃO 4: 약을 살 때

H: Posso ajudar?

M: Vim comprar um remédio para gripe.

H: Você tem a receita?

M: Sim. Aqui está.

H: Só um minutinho.

(Alguns instantes depois...)

H: Aqui está. Você vai tomar o remédio três vezes ao dia, de manhã, de tarde e à noite, nas refeições.

M: Tá, obrigada.

APLICAÇÃO

- Você está bem?
- Não, estou me sentindo mal. Sinto muito enjoo.

- O que o senhor está sentindo?
- Estou com muita dor de cabeça e com o nariz entupido.

- Desde quando se sente assim?
- Faz uma hora e foi de repente.

- Um digestivo, por favor.
- Tome este. Vai melhorar logo.

- Eu queria um curativo e um esterilizante.
- Só um momentinho. Já trago.

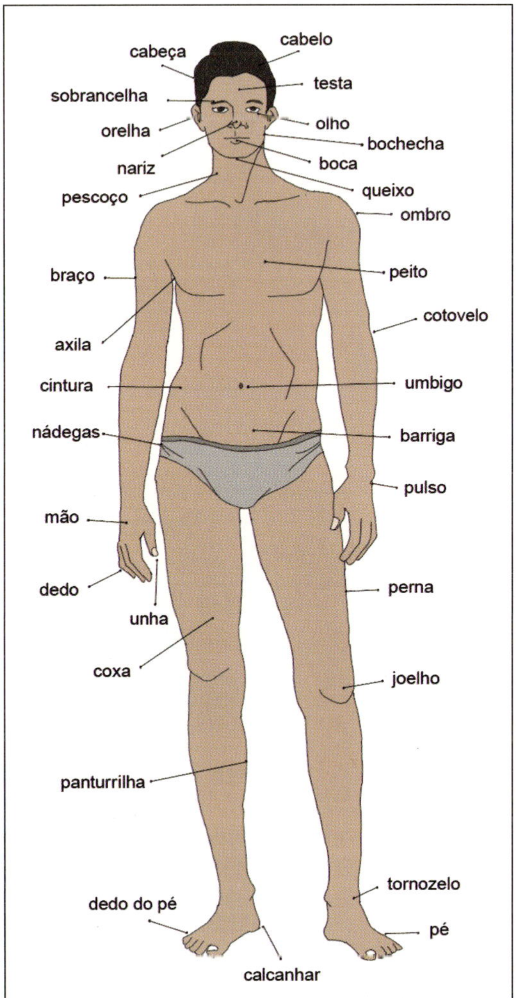

GRAMÁTICA E EXERCÍCIO

[Dar 동사]

기본적으로 "~을 주다", "~되다"의 의미로 쓰이며, 전치사 para와 함께 "충분하다", "가능하다", "~쪽으로 향하다"의 뜻이 된다.

Maria está dando aula agora. 마리아는 지금 강의 중이다.
Vou te dar uma carona. 내가 너에게 차를 태워주겠다.
Ela ficou tão assustada que deu um grito. 그녀는 너무 놀라 고함을 쳤다.
Ele vai dar um jeito nisso. 그는 그것에 대한 방법을 찾아 볼 것이다.
Tudo vai dar certo. 모든 것이 잘 될 것이다.
O dinheiro deu para os gastos. 그 돈은 쓰기에 충분했다.
Deu para entender? 이해할 수 있었습니까?
A janela dá para o jardim. 창문은 정원 쪽으로 향해 있다.

연습문제 다음의 주어진 단어를 이용하여 대화문을 완성해 보세요.

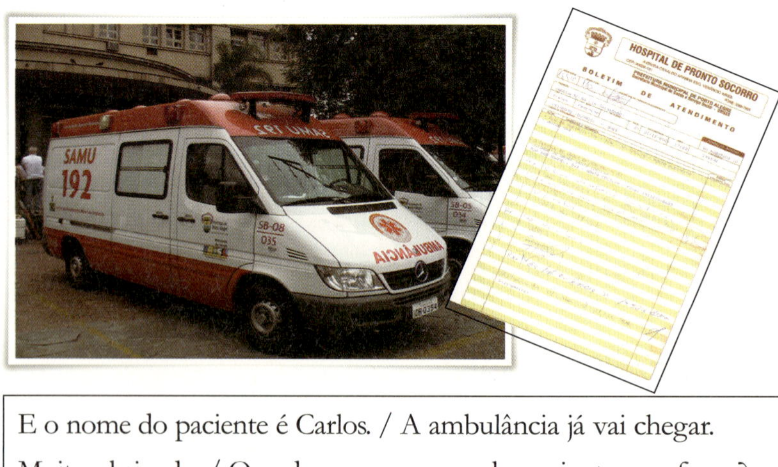

E o nome do paciente é Carlos. / A ambulância já vai chegar.
Muito obrigado. / O endereço e o nome do paciente, por favor?
Tem uma pessoa ferida aqui.

A: Serviço de Atendimento Móvel de Urgência, boa tarde.

B: Alô? É urgente. ______________________________

A: ______________________________

B: Rua Eça de Queiroz, 326, ap. 104. ______________________________

A: Fique aguardando. ______________________________

B: ______________________________

UM POUCO DE CULTURA BRASILEIRA

Curitiba

브라질 남동부 Paraná주의
주도(州都)
면적: 434.967 km^2
인구: 1,828,092 명
(*IBGE – 2008)

'공원'하면 생각나는 도시가 바로 브라질의 Curitiba이다. Curitiba는 브라질에서 가장 살기 좋은 도시 중 하나로, 1995년 세계 12개 모범도시로 선정되어 '희망의 도시'로 명명되었다. 17세기에 금 채굴지로 처음 건설된 Curitiba는 19세기에 이탈리아, 독일, 폴란드인이 한꺼번에 많이 이주해 오면서 발전한 도시이다. 그 후 펼쳐진 30여 년에 걸친 도시 계획으로 어디를 가든 공원이나 정원을 볼 수 있고, 대중 교통 역시 편리하게 되어 있다. 실제로 체계적인 버스 교통망과 재활용 사업을 바탕으로 한 환경 정책으로 세계적으로 유명해진 도시이기도 하다. Curitiba시는 효율적인 대중 교통 체계를 갖춤으로써 교통비 절약 및 환경 오염 절감 효과를 보았다고 한다. 2004년부터 도입된 서울의 버스 중앙 차로제와 환승 시스템도 Curitiba의 교통망을 모델로 삼은 것이다.

Fundada em 1693, a partir de um pequeno povoado bandeirante, Curitiba se tornou uma importante parada comercial com a abertura da estrada tropeira entre Sorocaba e Viamão. Em 1853 tornou-se a capital da recém-emancipada província do Paraná e desde então a cidade, conhecida pelas suas ruas largas, manteve um ritmo de crescimento urbano fortalecido pela chegada de uma grande quantidade de imigrantes europeus ao longo do século XIX, na maioria alemães, poloneses, ucranianos e italianos, que contribuíram para a diversidade cultural que perdura até hoje. A cidade se orgulha das inovações urbanísticas em transportes e dos parques públicos que revolucionaram a qualidade de vida de seus habitantes nas últimas décadas. Há áreas verdes de sobra – são trinta parques e bosques, ciclovias e eventos culturais de tradição nacional, como o Festival de Teatro que acontece todo mês de março.

* <http://pt.wikipedia.org/wiki/Curitiba>

24강 Deixei a minha mochila no táxi.

VOCABULÁRIO

mochila 명 (여) 배낭
ih 감 이런!
importante 형 중요한
entre 전 ~사이에, ~의 중간에
passaporte 명 (남) 여권
bilhete 명 (남) 표, 티켓
calma 명 (여) 침착, 진정
ligar 동 전화하다, 연결하다
roubado/a 형 강탈당한, 도둑맞은
graças a 부 ~ 덕분에
Deus 명 (남) 신, 하느님
machucado/a 형 다친, 부상 입은
sofrer 동 겪다, 견디다, 고통 받다
assalto 명 (남) 강도질, 폭력행위
prejuízo 명 (남) 상해, 손해
ladrão 명 (남) 도둑
bolsa 명 (여) 핸드백
coronhada 명 (여) 총으로 때리기
cabeça 명 (여) 머리
armado/a 형 무장한, 총기 소유한
revólver 명 (남) 리볼버, 권총
identificar 동 식별하다, 동일함을 확인하다
lembrar 동 기억하다
direito 부 제대로
motoqueiro 명 (남) 오토바이 운전수
altura 명 (여) 키, 높이

DIÁLOGO

SITUAÇÃO 1: 물건을 분실했을 때

H: Deixei a minha mochila no táxi.

M: Ih! O que estava lá dentro? Eram coisas importantes?

H: Eram. Entre outras, tinha o meu passaporte e o bilhete do avião. E agora, o que eu faço?

M: Calma! Vamos ligar para o hotel para perguntar o número do ponto de táxi.

SITUAÇÃO 2: 도난을 당했을 때

M: O que aconteceu com você?

H: Fui roubado.

M: Você está bem?

H: Graças a Deus, não estou machucado.

M: Ainda bem.

SITUAÇÃO 3: 강도를 당했을 때

H: O que houve?

M: Sofri um assalto ontem à tarde.

H: Você teve algum prejuízo?

M: O ladrão levou minha bolsa e levei uma coronhada na cabeça.

H: Ele estava armado?

M: Sim, tinha um revólver.

H: Você pode identificar ele?

M: Não lembro direito mas foi um motoqueiro com altura entre 1,75m e 1,80m....

APLICAÇÃO

- Onde fica a seção de achados e perdidos?
- Fica no Correio Central.

- Tive um acidente de carro.
- Não se machucou?
- Somente ferimentos leves. Ainda bem que o acidente não foi muito sério.

- Minha carteira foi roubada. O cartão de crédito estava dentro.
- É melhor cancelar logo o seu cartão e fazer uma ocorrência de roubo na delegacia de polícia.

- Eu perdi o meu passaporte. Não me lembro onde eu deixei.
- Você deve procurar o consulado coreano e tirar a segunda via do passaporte.

GRAMÁTICA E EXERCÍCIO

[Haver 동사]

3인칭 단수형으로 쓰여 "~이 있다"라는 존재의 의미(=tem), 과거의 시간(=faz), 발생하다(acontecer)의 의미를 갖는다.

Há muita gente na praia. 많은 사람이 해변에 있다.

Há quanto tempo você chegou no Brasil? 당신이 브라질에 도착한 지 얼마나 되었습니까?

Há cinco anos que ele trabalha aqui. 그가 여기서 일한 지 5년 된다.

O que há com você? 당신에게 무슨 일 있습니까?

연습문제 A

다음 문장을 haver 동사를 이용하여 완성해 보세요.

(1) Eu trabalho nesta empresa ___________ três anos.

(2) ___________ quantos meses você não fuma?

(3) Meu filho se formou ___________ seis meses.

(4) Fique tranquilo! Não ___________ nada.

(5) ___________ muitos animais aqui quando eu era criança.

연습문제 B

Situação 3의 상황을 이용하여 다음의 신청양식을 작성해 보세요.

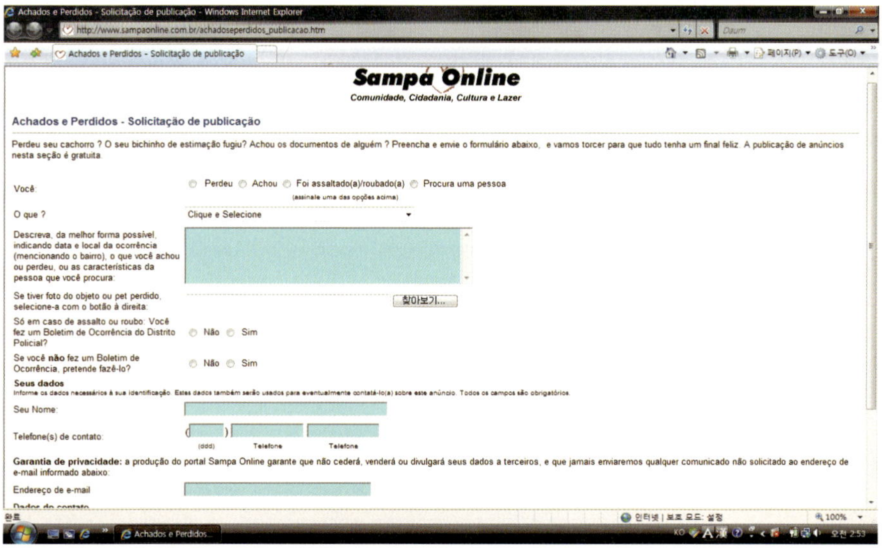

Achados e Perdidos – Solicitação de publicação

Perdeu seu cachorro? O seu bichinho de estimação fugiu? Achou os documentos de alguém? Preencha e envie o formulário abaixo, e vamos torcer para que tudo tenha um final feliz. A publicação de anúncios nesta seção é gratuita.

Você: ○ Perdeu ○ Achou ○ Foi assaltado(a)/roubado(a) ○ Procura uma pessoa

(Assinale uma das opções acima)

O quê? (Clique e selecione)

- ○ Animal de estimação (Cachorro, Gato, Pássaro, etc.)
- ○ Automóvel
- ○ Celular
- ○ Documento
- ○ Moto
- ○ Outro(s)

Descreva, da melhor forma possível, indicando data e local da ocorrência (mencionando o bairro), o que você achou ou perdeu, ou as características da pessoa que você procura:

____

____

____

Se tiver foto do objeto ou pet perdido, selecione-a com o botão à direita:

______________________________________ Procura

Só em caso de assalto ou roubo: Você fez um Boletim de Ocorrência no Distrito Policial?

○ Não ○ Sim

Se você **não** fez um Boletim de Ocorrência, pretende fazê-lo?

○ Não ○ Sim

Seus dados

Informe os dados necessários à sua identificação. Estes dados também serão usados para eventualmente contatá-lo(a) sobre este anúncio. Todos os campos são obrigatórios.

Seu nome: ____________________________________

Telefone(s) de contato: (   ) ________________________

(ddd) Telefone

Garantia de privacidade: a produção do portal Sampa Online garante que não cederá, venderá ou divulgará seus dados a terceiros, e que jamais enviaremos qualquer comunicado não solicitado ao endereço de e-mail informado abaixo:

Endereço de e-mail: ________________________________

Dados de contato
Como quer ser contatado(a) sobre o anúncio acima? Selecione pelo menos uma das opções abaixo.
Eu quer ser contatado(a): ○ Por e-mail ○ Por telefone

Após preencher os campos acima, clique no botão **Enviar** para registrar sua ocorrência. Se você estiver **enviando uma foto** junto com seu anúncio pode ocorrer uma pequena demora devido ao processamento da mesma. Por favor aguarde até que a próxima tela seja exibida.

Enviar

UM POUCO DE CULTURA BRASILEIRA

Foz do Iguaçu

브라질 남부 Paraná주의 대표적인 관광도시, 면적: 617.701 km^2, 인구: 319,189명(*IBGE – 2008)

이 도시엔 유네스코 세계자연유산이며 브라질과 아르헨티나 양국이 함께 국립공원으로 지정하여 보호하고 있는 이과수 폭포(Cataratas do Iguaçu)가 있다. 이과수의 어원은 원주민 인디오의 말로 '거대한 강'이란 뜻으로, 북미의 나이아가라 폭포보다 4배나 크며 그 중 가장 낙차가 큰 폭포를 '악마의 목구멍'(Garganta do diabo)이라고 부른다. 산을 따라 만들어 놓은 길을 따라 걷다 보면 자연스럽게 이과수의 장관을 맛볼 수 있으며 Macuco safari라는 보트투어를 이용하면 폭포수 가까이까지 접근하여 이과수폭포의 성스러운 물에 흠뻑 젖을 수도 있다. 또한 수력 발전소로는 세계 최대의 출력을 자랑하는 Itaipu 발전소가 브라질과 파라과이의 국경 지점인 파라나 강에 위치하고 있으며, 이과수 강을 사이에 두고 브라질, 아르헨티나, 파라과이 3국이 접경을 이루고 있다.

Foz do Iguaçu é um município brasileiro no extremo oeste do estado do Paraná, na fronteira com a Argentina e com o Paraguai, criado em 1914. Na cidade, localiza-se a Usina Hidrelétrica de Itaipu, maior usina hidrelétrica do mundo. É considerada uma das cidades mais multiculturais do Brasil, onde mais de 72 grupos étnicos estão presentes na população, provenientes de diversas partes do mundo. Os principais grupos étnicos de Foz do Iguaçu são italianos, alemães, hispânicos (argentinos e paraguaios), chineses, ucranianos, japoneses e libaneses, que possuem na cidade a 2ª maior comunidade libanesa do Brasil. As principais fontes de renda de Foz do Iguaçu são o turismo e a geração de energia elétrica. É conhecida internacionalmente por suas atrações, que trazem visitantes do Brasil e do mundo.

* <http://pt.wikipedia.org/wiki/Foz_do_Igua%C3%A7u>

ANEXO

I

본문번역

[3강] 안녕, 잘 지내요?

SITUAÇÃO 1: 인사와 소개

H1: 안녕, 끄리스찌나. 잘 지내?

M: 잘 지내. 넌, 어떻게 지내?

H1: 잘 지내. 끄리스찌나, 얘는 내 친구 안드레아.

M: 안녕, 넌 일본인이니?

H2: 아니. 난 한국인이야.

M: 아, 그래? 만나서 반가워.

H2: 나도 반가워.

SITUAÇÃO 2: 사과와 감사

H: 실례합니다, 아가씨. 당신이 싼드라인가요?

M: 아니요. 전 싼드라의 언니에요.

H: 아, 죄송합니다!

M: 괜찮아요. 싼드라는 지금 집에 있을 거에요. 집으로 전화해 보세요.

H: 아, 그래요? 정말 고맙습니다.

M: 천만에요.

SITUAÇÃO 3: 안부 묻고 헤어질 때

H: 안녕하세요, 루씨아 부인. 잘 지내시죠?

M: 안녕하세요, 뻬드루씨. 어떻게 지내세요?

H: 전 잘 지내요, 물어봐 줘서 고마워요. 부인은 어떻게 지내세요?

M: 잘 지내요. 당신 부인은요, 어떻게 지내세요?

H: 그녀도 잘 있어요. 다음에 또 뵐게요.

M: 안녕히 가세요.

[4강] 당신의 이름은 무엇이죠?

SITUAÇÃO 1: 이름과 출신을 물을 때

H: 당신의 이름은 무엇이죠?

M: 제 이름은 빠뜨리씨아인데요. 당신은요?

H: 제 이름은 호드리구에요. 저 남자는 누구죠?
M: 그는 제 사촌이에요. 그의 이름은 페르난두랍니다.
H: 그도 역시 상파울루 사람인가요?
M: 아니오, 그는 리우데자네이루 사람이에요.

SITUAÇÃO 2: 이름과 관계를 물을 때

H: 네 이름이 뭐야?
M: 내 이름은 페르난다야.
H: 그럼, 네가 호나우두의 애인이니?
M: 아니. 난 그냥 그의 친구야.
H: 그럼, 넌 애인 있어?
M: 물론 있지.

SITUAÇÃO 3: 나이와 사는 곳을 물을 때

M: 넌 몇 살이니?
H: 난 스무 살이야. 넌?
M: 난 스물 한 살이야. 어디 살아?
H: 난 뻬뜨로뽈리스에 살아.
M: 아, 그래? 나도 거기 사는데.
H: 잘됐네! 난 슈하스까리아 바항꾸 근처에 살아.
M: 말도 안돼! 너 내 이웃이구나.

[5강] 나는 학생입니다.

SITUAÇÃO 1: 직업과 신분을 물을 때

M: 당신 역시 미혼인가요?
H: 아니오. 안타깝지만 결혼했어요.
M: 아쉽네요! 어디서 일하세요?
H: 저는 재무부에서 일해요.
M: 그럼 공무원이세요?
H: 그래요. 당신은요, 무슨 일 하세요?
M: 저는 대학교수에요.

SITUAÇÃO 2: 자기 소개할 때

M: 제게 당신과 당신의 가족에 대해서 말해주실 수 있어요?
H: 제 이름은 하파에우 쏘우자 다 씨우바 라고 해요.
브라질사람이고요. 한 기업의 직원입니다.
뽀르뚜알레그리 출신입니다만 지금은 상파울루에 살아요.
제 아버지는 변호사이고 리우데자네이루에서 일하세요.
제 어머니는 가정주부이고 아버지와 함께 살고 있어요.

저는 아침 7시면 항상 아내와 커피를 마십니다.
제 아내는 아주 예쁘고 현명하며 상냥해요.
우리는 아들, 딸 한 명씩 있는데요, 아들은 네 살이고 딸은 두 살 이에요.
아들은 조금 소심하고 딸은 상당히 명랑해요. 둘 다 아주 귀여워요.
저는 제 가족과 함께 참 행복합니다.

[6강] 몇 시입니까?

SITUAÇÃO 1: 시각을 물을 때

H: 몇 시에요?
M: 7시 반이에요.
H: 벌써요? 당신 배고프지 않아요?
M: 배고파 죽겠어요.
H: 우리 저 식당에서 저녁식사 할까요?
M: 갑시다!

SITUAÇÃO 2: 요일이나 날짜를 물을 때

H: 나랑 영화관에 갈래?
M: 그래. 근데 언제?
H: 오늘이 무슨 요일이지?
M: 오늘 금요일이야.
H: 내일 모레. 어때?
M: 아주 좋아.

SITUAÇÃO 3: 생일을 물을 때

H: 네 생일이 언제지?
M: 3월 29일이야. 이미 지났어.
H: 이런! 오늘 밤에 맥주 한잔 할까?
M: 몇 시에?
H: 저녁 7시에. 가능해?
M: 안돼. 7시부터 9시까지 영어 수업이 있어.

[7강] 오늘 날씨가 어때요?

SITUAÇÃO 1: 날씨 얘기할 때

H: 거기 날씨는 어땠어요?
M: 날씨가 선선했어요. 춥지도 덥지도 않고.
H: 근데 여긴 아주 습해요, 그렇죠?
M: 예. 어쩌면 비가 올지도 몰라요..
H: 그럴까요?

M: 그럴 것 같아요.

SITUAÇÃO 2: 일기예보 얘기할 때
H: 당신 지금 어디가요?
M: 내 친구 한 명이랑 해변에 가요.
H: 일기예보 봤어요?
M: 맑다가 부분적으로 흐려진대요.
H: 해변에 얼마나 있을 거에요?
M: 일주일 정도요.

SITUAÇÃO 3: 기온 얘기할 때
H: 당신 추워요?
M: 예. 뭐 걸칠 옷이라도 있어요?
H: 안타깝게도 없어요. 나는 날씨 좋은 것 같은데.
M: 전 감기에 든 거 같아요.
H: 요즘 기온이 불안정해요, 그렇죠?
M: 그러게요. 짜증나요!

[8강] 여보세요, 누구시죠?

SITUAÇÃO 1: 아는 사람과 전화할 때
M: 여보세요?
H: 누구시죠?
M: 비앙까인데요.
H: 안녕, 비앙까. 빠울루에요. 잘 지내요?
M: 안녕, 빠울루. 어떻게 지내요?
H: 잘 지내요. 비앙까, 하파에우씨 거기 계세요?
M: 계세요. 잠깐만요.

SITUAÇÃO 2: 모르는 사람과 전화할 때
M1: 헤나뚜 박사의 진료소입니다. 안녕하세요.
M2: 안녕하세요. 쥴리아나와 통화할 수 있을까요?
M1: 누구신지요?
M2: 전 마리아라고 그녀의 언니에요.
M1: 막 점심식사 하러 나갔어요. 메모를 남기시겠어요?
M2: 아니오, 됐고요. 좀 있다 다시 걸게요, 아셨죠?
M1: 알겠어요. 있다 뵙죠.

SITUAÇÃO 3: 전화 잘못 걸었을 때
H: 여보세요?
M: 누구시죠?

H: 마르꾸스인데요.
M: 죄송합니다. 잘못 걸었어요.

SITUAÇÃO 4: 공중전화 찾을 때
H: 그렇게 급하게 어디에 가요?
M: 전화하러 가요. 가장 가까운 공중전화가 어디에 있어요?
H: 바로 저기 코너에요. 근데 당신 핸드폰은 어디 있어요? 잃어버렸어요?
M: 아니오, 배터리가 없어요.

[9강] 당신은 영화를 좋아하세요?

SITUAÇÃO 1: 영화에 대해 물을 때
H: 당신은 가끔 영화관에 가나요?
M: 최소한 한 달에 두 번이요.
H: 당신이 선호하는 영화 종류는 어떤 거에요?
M: 애정영화에요. 당신은요?
H: 저 역시 애정영화를 좋아하지만 공포영화를 더 보고 싶어요.
M: 그래요? 이번 토요일에 공포영화 한편 보러 갈까요?
H: 예, 가죠.

SITUAÇÃO 2: 영화관에서 표를 구입할 때
H: 몇 시에 이 영화의 다음 회가 시작하나요?
M: 7시와 9시 반에 시작해요.
H: 상영시간이 얼마나 되나요?
M: 두 시간 정도요.
H: 좋아요. 7시 표 두 장 주세요.
M: 예, 손님. 20헤알입니다.

SITUAÇÃO 3: 음악에 대해 물을 때
H: 당신은 음악을 좋아하나요?
M: 엄청 좋아해요. 주말에 항상 음악 들으러 바에 가죠.
H: 어떤 류의 음악을 더 좋아하나요?
M: 전 보사노바를 좋아해요. 속삭이는 노래 같아요.
H: 가장 좋아하는 음악은 어떤 거죠?
M: 똥 죠빙의 "이빠네마의 소녀"에요.

[10강] 당신은 이번 일요일에 뭐 할 거에요?

SITUAÇÃO 1: 주말 약속할 때

H1: 이번 일요일에 뭐 할 거야?

H2: 글쎄. TV나 보면서 집에 있을 거야.

H1: 내 친구들과 공이나 차는 게 어때?

H2: 좋은 생각이야. 몇 시에 경기 시작하지?

H1: 11시 반에. 10시 반에 널 픽업할게.

H2: 좋아. 그럼 우리 집 앞에서 널 기다릴게.

SITUAÇÃO 2: TV 시청할 때

H: 마리아, TV에서 경기 중계해 주나?

M: 모르겠는데, 아마 해 줄걸.

H: 언제 시작하지? 이미 시작했나?

M: 한번 볼게... 벌써 시작했어.

H: 차가운 맥주나 하나 가져와야지. 너도 마실래?

M: 아니, 싫어. 난 조금 자고 싶어. 있다가 볼륨 좀 줄여줄래?

H: 알았어.

SITUAÇÃO 3: 축구 보며 얘기할 때

H: 브라질 대 아르헨티나야? 점수가 어떻게 돼?

M: 브라질이 3 대 1로 이기고 있어.

H: 대단한데! 누가 골 넣었어?

M: 카카가 두 골, 호나우지뉴가 한 골.

H: 경기 끝나려면 얼마나 남았지?

M: 딱 3분. 거의 끝났어. 파티나 하자고.

H: 그러자.

[11강] 뭐 좀 마시고 싶어요.

SITUAÇÃO 1: 식당 추천할 때

H: 나한테 싸고 좋은 식당 한 군데 추천해 줄 수 있어요?

M: 어떤 류의 식당을 원해요?

H: 오늘 난 중국식당을 원해요. 더 싸거든요.

M: 전통음식을 맛보는 건 어때요?

H: 어제 이미 슈하스까리아에 갔어요.

M: 아, 그렇군요. 제뚤리우 바르가스 거리에 중국식당을 한 군데 알아요. 거기로 가도 되요.

H: 그래요, 그럼. 갑시다!

SITUAÇÃO 2: 식당 예약할 때

H: "바르 두 베뚜" 식당입니다. 안녕하세요.

M: 안녕하세요. 예약을 하고 싶은데요.

H: 예 손님. 몇 시로요?

M: 밤 8시에요.

H: 몇 명이시죠?

M: 4명이에요.

H: 이름은요?

M: 아나 빠울라에요.

H: 아나 빠울라... 예약되었어요, 아나 빠울라님. 밤 8시로 4명.

M: 맞아요. 고맙습니다.

H: 감사합니다. 있다가 뵙죠.

SITUAÇÃO 3: 간이식당에서 뭘 먹을 지 얘기할 때

H: 너 배고프지 않니?

M: 안 고파. 그냥 뭐나 좀 마실래.

H: 뭐 마시고 싶어?

M: 한번 보자... 찬 생맥주 한잔.

H: 감자튀김 먹을래?

M: 아, 그래. 넌? 뭐 시킬 거야?

H: 난 계란 넣은 치즈샐러드 버거 하나랑 과라나 제루 하나.

[12강] 무엇을 주문 하시겠습니까?

SITUAÇÃO 1: 뷔페식당에서 음료만 주문할 때

H1: 안녕하세요, 어떤 음료를 원하세요?

H2: 제겐 코카콜라, 이 사람에겐 마라꾸쟈 주스요.

H1: 저희 가게는 코카콜라를 취급하지 않는데요. 펩시콜라 괜찮으세요?

H2: 괜찮아요. 문제될 거 없어요.

H1: 얼음과 레몬도 원하시나요?

H2: 예, 부탁 드려요.

H1: 또 다른 것 원하시는 건요?

H2: 당분간은 없어요.

H1: 저희 뷔페도 이미 이용 가능합니다.

H2: 알겠어요, 감사합니다.

SITUAÇÃO 2: 식당에서 주문할 때

H1: 메뉴판 부탁합니다.

H2: 여기 있어요. 뭘 주문하시겠어요?

H1: 고기, 감자튀김과 모듬샐러드요.
H2: 고기는 바짝 익힐까요 덜 익힐까요?
H1: 중간으로요.
H2: 사모님은요?
M: 전 라자냐를 원해요.
H2: 음료는요?
H1: 제겐 찬 맥주 하나.
M: 제겐 토닉워터 주세요.

SITUAÇÃO 3: 식당에서 계산할 때

H1: 더 원하시는 것 있으세요?
H2: 예. 딸기 아이스크림을 하나 먹고 싶어요.
H1: 예 알겠습니다. 이것뿐 인가요?
H2: 계산서도 가져다 줄 수 있어요?
H1: 물론이죠! 잠시만요.
(몇 분 후)
H1: 계산서요.
H2: 거스름돈은 가지셔도 되요.
H1: 대단히 감사합니다.

[13강] 당신은 내일 한가하나요?

SITUAÇÃO 1: 약속 잡을 때

H: 당신은 내일 한가하나요?
M: 아침에 약속이 하나 있는데 오후엔 한가해요.
H: 그럼 저 좀 도와주실 수 있어요? 계좌를 개설해야 하거든요.
M: 물론이죠! 몇 시에 우리 만날까요?
H: 두 시 어때요?
M: 가능해요.
H: 그럼, 좋아요. 우리 오후 두 시에 은행 앞에서 만나요.

SITUAÇÃO 2: 약속 변경할 때

H: 여보세요?
M: 여보세요? 빠울루? 마르씨아에요.
H: 안녕, 마르씨아. 잘 지내요?
M: 잘 지내요. 빠울루, 미안하지만 우리 약속을 변경해야 하겠어요. 오후에 회의가 있어요.
H: 아, 그래요? 어느 요일이 낫겠어요?
M: 월요일 아침 10시에 가능할까요?

H: 나는 좋아요. 같은 장소에서요?
M: 그래도 되는데 은행 앞에 있는 커피숍이면 더 좋겠어요.
H: 괜찮아요. 우리 거기서 봐요 그럼.
M: 안녕.

SITUAÇÃO 3: 약속에 늦었을 때

H: 늦어서 미안해요.
M: 괜찮아요. 근데 무슨 일 있었어요?
H: 집에서 일찍 나왔는데 버스가 엄청 늦게 도착했어요. 게다가 지독한 교통체증에 걸렸죠.
M: 운이 없는 날이었군요?
H: 오늘은 일이 잘 안풀리는 날이에요...

[14강] 거기 도착하려면 어떻게 하죠?

SITUAÇÃO 1: 교통편을 물을 때

H: 브라데스꾸 은행의 주소를 아세요?
M: 알아요.
H: 어떻게 되요?
M: 제네라우 까마라 거리 253번지에요.
H: 거기 도착하려면 어떻게 하죠?
M: 광장을 건너서 쎈뜨루 가는 버스를 타야 해요. 싸우가두 필류 거리에서 내리게 해 달라고 요금 받는 분에게 요청하세요.
H: 여기서 먼가요?
M: 많이 멀지는 않고 15분 정도 걸려요.

SITUAÇÃO 2: 차로 데리러 가겠다고 제안할 때

H: 쎈뜨루에 가긴 쉬워요?
M: 예. 근데 내 차에 동승하고 싶다면 거기로 당신을 데리러 갈게요.
H: 예, 그러고 싶어요. 내 주소 가지고 있어요?
M: 아니오. 하지만 집에서 나가기 전에 전화할게요.
H: 알겠어요, 고마워요.

SITUAÇÃO 3: 택시 탈 때

M: 안녕하세요. 쎈뜨루로 가 주세요.
H: 예 손님.
(몇 분 후)
H: 이미 쎈뜨루에 들어와 있습니다.
M: 아, 그래요? 쎄찌 지 쎄뗑브루 거리와 제네라우 까마라 거리가 교차하는 코너에서 내려주세요.

(잠시 후)

H: 여기쯤 괜찮으세요?

M: 딱 좋아요. 얼마예요?

H: 9헤알 70센따부 입니다.

M: 여기 있습니다. 거스름돈은 가지세요.

H: 고맙습니다.

SITUAÇÃO 4: 길을 물을 때

H: 부탁 좀 드릴게요, 아가씨. 브라데스꾸 은행이 어디에요?

M: 이 길을 통해 똑바로 가세요. 길 끝에서 우회전 한 다음에 두 번째 길에서 좌회전 하세요. 브라데스꾸 은행은 바로 거기 시청 앞에 있어요.

H: 거기까지 걸어서 갈 수 있나요?

M: 예. 여기서 아주 가까워요.

H: 알겠어요. 고맙습니다.

M: 뭘요.

[15강] 계좌를 개설하고 싶습니다.

SITUAÇÃO 1: 계좌 개설할 때

H: 무얼 도와드릴까요?

M: 계좌를 개설하고 싶은데요.

H: 서류들 가져오셨어요?

M: 예, 여기 있습니다.

H: 이 신청서들을 기입하고 서명하셔야 합니다.

M: 알겠습니다.

(몇 분 후)

M: 됐어요. 이제는요?

H: 이제 예금하시고 카드가 도착하길 기다리시면 됩니다.

M: 얼마나 걸릴까요?

H: 공휴일 빼고 7일 정도.

M: 그럼 그 동안 현금을 뽑으려면 어떻게 하죠?

H: 아무 창구에서나 인출하실 수 있습니다.

M: 아, 알겠어요. 고맙습니다.

SITUAÇÃO 2: 예금할 때

M: 예금을 하고 싶은데요.

H: 예. 이 예금신청서를 기입해주셔야 합니다.

(몇 분 후)

M: 이제는요?

H: 줄을 서서 손님 차례를 기다리시면 됩니다.

SITUAÇÃO 3: 예금 인출할 때

M: 제 계좌에서 1,000헤알을 인출하고 싶은데요.

H: 신분증 주시고요.

M: 여기 있습니다.

H: 손님의 하루 인출 한도는 1,000헤알이고요, 만약 초과하면 하루 동안 계좌가 폐쇄될 것입니다. 금액 확인하시고요.

M: 맞아요. 고맙습니다.

H: 천만에요.

[16강] 달러 시세가 얼마나 됩니까?

SITUAÇÃO 1: 환전할 때

M: 1달러에 얼마죠?

H: 1.80헤알 입니다.

M: 500달러를 바꾸고 싶습니다.

H: 잠시만 기다리세요.

(몇 분 후)

H: 여기 있습니다.

M: 감사합니다.

H: 천만에요.

SITUAÇÃO 2: 공과금 낼 때

M: 전기세 여기서 낼 수 있나요?

H: 예, 저 창구에서요.

M: 근데 기간이 지난 고지서들도 받나요?

H: 받습니다.

M: 다행이네요, 은행에 가서 그 긴 줄을 서지 않아도 되니까요.

SITUAÇÃO 3: 충전식 휴대폰 선불카드를 살 때

M: 여기 충전카드 있어요?

H: 예. 얼마짜리요?

M: 20헤알짜리 하나요.

H: 35헤알짜리와 50헤알짜리만 있는데요.

M: 가까이에 다른 판매점이 있나요?

H: 저기 신문가판대에 있어요.

M: 이미 거기 갔는데 없다고 하더군요.

H: 그럼 여기 옆의 약국에서 물어보세요.

M: 대단히 감사합니다.

H: 뭘요.

[17강] 블라우스 하나를 보고 싶습니다.

SITUAÇÃO 1: 옷을 살 때

M1: 무얼 도와드릴까요?
M2: 블라우스를 하나 보고 싶어요.
M1: 다양한 모델을 가지고 있는데요.
M2: 이 핑크색 좀 입어봐도 될까요?
M1: 물론이죠. 사이즈가 어떻게 되세요?
M2: 중간 사이즈로 부탁드려요.
M1: 잠깐만요. 찾아볼게요... 탈의실은 저기에 있습니다.
(몇 분 후)
M2: 아가씨, 더 큰 사이즈 있어요? 이건 조금 끼는데요.
M1: 예 있어요, 근데 다른 색인데요.
M2: 그럼 됐어요... 이걸로 살게요.
M1: 더 필요하신 게 있나요?
M2: 아니오. 이것뿐이에요.
M1: 저기 계산대로 가시면 됩니다.

SITUAÇÃO 2: 계산할 때

M1: 신용카드 받으시죠?
M2: 받습니다.
M1: 얼마죠?
M2: 70헤알 입니다.
M1: 이런, 비싸네요!
M2: 일시불로 하면 5% 할인해 드립니다.
M1: 그럼 현금으로 낼게요.
M2: 선물용으로 포장을 원하세요?
M1: 그럴 필요 없어요. 제 것이거든요.

SITUAÇÃO 3: 구경만 할 때

M1: 무얼 도와 드릴까요?
M2: 아니오. 그냥 둘러보는 중이에요.
M1: 맘껏 보세요.

[18강] 여기 이건 얼마에요?

SITUAÇÃO 1: 진자제품 실 때

H: 무얼 도와드릴까요?

M: 저 진열대의 TV를 제게 보여주시겠어요?
H: 기꺼이 보여드리죠.
M: 여기 이건 얼마에요?
H: 여기 이건 단 3,300헤알이면 삽니다.
M: 할인 되나요?
H: 예. 무이자 3개월 할부로 다음 달부터 할부금을 내는 할인행사가 있어요.
M: 보증은 해주나요?
H: 예, 보증기간 1년입니다.
M: 좋아요. 이걸로 살게요.
H: 계산을 마치기로 하죠. CPF가 필요합니다.

SITUAÇÃO 2: 배달을 부탁할 때
M: 거주지로 배달도 하나요?
H: 배달합니다만, 15헤알의 요금을 받습니다.
M: 배달 기한은 어떻게 되죠?
H: 공휴일 빼고 3일 걸립니다.
M: 배달 날짜와 시간을 정할 수 있을까요?
H: 안타깝지만 안됩니다. 하지만 지정된 기한 내에 배달해 드립니다.
M: 그럼, 알겠어요.
H: 사모님 인적 사항과 배달할 주소를 여기에 기입해 주세요.

SITUAÇÃO 3: 교환할 때
H1: 제가 지난 주에 여기서 TV를 샀는데 벌써 결함이 있어요. 새 걸로 교환하고 싶은데요.
H2: 물론이죠. 영수증 가져오셨나요?
H1: 예, 여기 영수증 있어요.
H2: 잠시만요. 확인해 보겠습니다... 맞네요, 새 걸 고르셔도 됩니다.

[19강] 다음 버스는 어떤 거죠?

SITUAÇÃO 1: 여행상품 구입할 때
H: 내가 10일간 브라질의 명소들을 가보고 싶은데요.
M: 혼자 가고 싶으세요 아님 그룹여행으로 가고 싶으세요?
H: 그룹여행 괜찮겠는데요.
M: 행사 중인 몇몇 패키지가 있는데요. 여기 좀 보시죠.
H: 여정이 어떻게 될까요?
M: 첫 3일은 리우데자네이루에 머무르실 거고요.
H: 리우에서 3일만요? 너무 짧아요!
M: 동의하지만 다양한 장소에 가야 하는데 단 10일 뿐 이라서요.

H: 리우 다음은요?
M: 리우 다음은 미나스제라이스의 역사도시들을 방문하실 겁니다.
H: 그 도시들이 상당히 흥미롭다고 말들 하더군요.
M: 아주 좋아하실 거에요! 이어서 이과수 폭포에서 3일을 보내실 거고요.
H: 이 패키지엔 뭐가 포함되어 있나요?
M: 항공권, 호텔, 투어를 다 포함한 완전한 패키지에요.
H: 정확히 제가 원하는 것인데 조금 비싼 것 같군요. 조금 생각해 볼게요, 고마워요.
M: 뭘요. 괜찮습니다.

SITUAÇÃO 2: 버스표 구입할 때

M: 안녕하세요! 플로리아노뽈리스행 다음버스는 어떻게 되죠?
H: 16시 40분 비즈니스버스와 17시 15분 일반버스입니다.
M: 거기까지 얼마나 걸리나요?
H: 대략 6시간이요.
M: 버스에 화장실이 있나요?
H: 예 있어요.
M: 16시 40분 버스로 한 장 주세요.
H: 98.95헤알입니다. 승차권에 손님의 이름과 신분증 번호를 쓰시기 바래요.
M: 물론이죠. 한 가지 더 질문이 있는데요. 몇 번 플랫폼에서 출발하죠?
H: 31번 플랫폼에서요. 좋은 여행되세요!
M: 고마워요.

[20강] 예약을 하고 싶습니다.

SITUAÇÃO 1: 항공권 예약할 때

M1: 리우행 왕복으로 예약하고 싶은데요. 월요일 첫 번째 항공편이 몇 시에 있죠?
M2: 잠깐만요. 확인해 볼게요... 월요일 리우행 첫 번째 항공편들은 이미 다 찼어요. 하지만 아직 09시 50분 땅 항공과 11시 50분 바리기 항공에 빈 좌석이 있습니다.
M1: 직행인가요?
M2: 아니오, 꾸리찌바를 경유해 갑니다.
M1: 좋아요, 저는 9시 50분 항공편이 더 낫겠어요.
M2: 언제 돌아오실 계획이죠?
M1: 토요일 저녁에요.
M2: 19시 항공편 괜찮으시겠어요?
M1: 괜찮아요.
M2: 알겠습니다. 그렇게 예약하겠습니다.

SITUAÇÃO 2: 탑승 수속할 때

M1: 안녕하세요! 서류들과 여권 주세요.

M2: 여기 있어요.
M1: 창 쪽과 복도 쪽 중 어디를 선호하세요?
M2: 창 쪽으로 부탁합니다.
M1: 부칠 짐이 있나요?
M2: 있어요. 이 가방만요.
M1: 여기에 탑승권이 있습니다. 10번 탑승구로 가세요. 대단히 감사합니다. 좋은 여행 되세요!
M2: 감사합니다.

SITUAÇÃO 3: 비행기 경유 방법에 대해 물을 때
M1: 실례합니다. 경유할 때 비행기에서 내릴 수 있나요?
M2: 안됩니다. 계속 가시려면 10분에서 15분간 앉아계셔야 합니다.
M1: 이런! 뭐야!?!

[21강] 2인실로 부탁합니다.

SITUAÇÃO 1: 호텔 예약할 때
H1: 호텔 라르 헤지덴씨의 안드레입니다. 안녕하세요.
H2: 안녕하세요, 12월 24일로 예약하고 싶은데요.
H1: 어떤 류의 객실을 원하십니까?
H2: 2인실로 부탁합니다.
H1: 며칠 동안 계실 건지요?
H2: 5일이요.
H1: 성함이요?
H2: 에데르송 마르찡스 하무스입니다.
H1: 예약되었습니다. 에데르송님. 예약 상황을 확인하세요. 2인용 객실이고요. 12월 24일 들어오시고 12월 29일에 나가시는 거죠.
H2: 맞아요, 감사합니다.
H1: 천만에요. 좋은 하루 되십시오.

SITUAÇÃO 2: 체크인할 때
H1: 안녕하세요. 무얼 도와드릴까요?
H2: 안녕하세요. 에데르송 마르찡스 하무스란 이름으로 예약을 했는데요.
H1: 잠깐만요. 에데르송님, 이 카드를 작성해 주시겠어요?
H2: 물론입니다.

SITUAÇÃO 3: 객실 열쇠를 찾을 때
H: 무얼 도와드릴까요?
M: 제 열쇠 좀 주세요.
H: 방 번호가 어떻게 되시죠?

M: 217호에요.
H: 더 필요하신 건요?
M: 제 방 샤워기가 작동하지 않아요. 뜨거운 물이 안 나와요.
H: 수리하러 한 사람 보내겠습니다.
M: 고마워요.

SITUAÇÃO 4: 체크아웃할 때

H1: 계산서를 마감하고 싶은데요.
H2: 물론이죠. 미니냉장고를 이용하셨나요?
H1: 예, 생수 하나와 맥주 두 캔이요.
H2: 계산서 여기 있습니다.
H1: 신용카드로 계산할게요.
H2: 확인하시고 서명해 주세요.
H1: 맞네요. 제게 택시 한 대 불러주실 수 있어요?
H2: 예, 손님.

[22강] 우리 사진 한 장 찍어주시겠습니까?

SITUAÇÃO 1: 관광정보에 대해 문의할 때

M: 도시 관광하는 버스가 있나요?
H: 있어요. 이곳 역사와 문화를 알기엔 안성맞춤이죠.
M: 그 버스를 어디서 탈 수 있나요?
H: 버스는 시 관광처 앞에서 출발합니다.
M: 1인당 얼마죠?
H: 2층은 10헤알이고 1층은 8헤알입니다.

SITUAÇÃO 2: 사진 촬영 부탁할 때

M: 실례합니다. 저 사진 한 장 찍어주시겠습니까?
H: 물론이죠.
M: 여기 이 버튼을 누르시기만 하면 됩니다.
H: 알겠어요. 웃으세요. 하나, 둘, 셋 찰칵. 됐어요.
M: 고맙습니다.
H: 뭘요.

SITUAÇÃO 3: 관광 안내 받을 때

H: 안녕, 수자나! 잘 지냈어요? 오랜만이에요!
(볼 키스를 주고 받고...)
M: 그러게요, 오랜만이에요! 여행 좋았어요?
H: 예, 고마워요.
M: 당신에게 도시를 구경시켜 드리죠.

H: 좋아요! 보고 싶어 미치겠어요.

M: (앞을 바라보며) 이 길은 시에서 가장 활기찬 거리 중 하나에요. 여기서 당신은 가장 좋은 식당들과 바들을 만나게 되죠.

H: 오늘 밤에 우리가 이곳 식당들 중 한 군데서 저녁 식사해도 돼요.

M: 좋은 생각이네요! (한 식당을 가리키며) 저기 저 식당의 음식이 아주 맛있어요.

H: 그럼, 가보죠.

[23강] 열이 나는데요...

SITUAÇÃO 1: 몸이 아플 때

H: 에취!

M: 저런, 몸조심하세요! 감기 들었어요?

H: 예, 에어컨 때문에 감기에 걸렸어요.

M: 열이 나요?

H: 그건 아닌데 컨디션이 아주 안좋고 기침을 멈출 수가 없네요.

M: 의사한테 가봐야 할 것 같아요.

SITUAÇÃO 2: 진찰 예약할 때

(따르릉... 따르릉)

M: 마르따 박사의 진료소입니다, 안녕하세요.

H: 안녕하세요. 내일로 진료를 예약하고 싶은데요.

M: 원래 저희 환자이셨나요?

H: 아니오. 처음이에요.

M: 성함이요?

H: 알렉스 씨우바에요.

M: 몇 시를 선호하세요?

H: 오후 2시면 좋겠어요.

M: 좋습니다. 당신의 진료가 내일 14시로 예약되었습니다.

H: 고맙습니다.

M: 천만에요.

SITUAÇÃO 3: 진찰할 때

M1: 증상이 어떠세요?

M2: 밤새 기침하고 목이 엄청 아파요.

M1: 음식을 삼키기 어렵나요?

M2: 예, 참을 수가 없어요. 거의 아무 것도 먹을 수가 없어요.

M1: (의사가 환자를 진찰한다) 목이 조금 부었는데 심하진 않아요. 처방전을 드리죠.

M2: 의사 선생님, 주사는 싫어요!

M1: 주사 아니에요. 부인께선 항생제를 복용하셔야 해요.

M2: 알겠어요. 대단히 감사합니다.
M1: 천만에요.

SITUAÇÃO 4: 약을 살 때
H: 무얼 도와드릴까요?
M: 감기 약을 사러 왔어요.
H: 처방전 가지고 계시죠?
M: 예. 여기 있어요.
H: 잠시만요.
(잠시 후)
M: 여기 있어요. 아침, 점심, 저녁으로 식사 때 하루에 세 번 약을 복용하세요.
H: 알겠어요. 감사합니다.

[24강] 내 배낭을 택시에 두고 내렸어요.

SITUAÇÃO 1: 물건을 분실했을 때
H: 내 배낭을 택시에 두고 내렸어요.
M: 이런! 거기 안에 뭐 들었어요? 중요한 것들 이었나요?
H: 예. 그 중엔 내 여권과 비행기 표가 있었어요. 이제 난 어쩌죠?
M: 진정해요! 호텔에 전화해서 택시 승강장 번호를 물어봅시다.

SITUAÇÃO 2: 도난을 당했을 때
M: 너한테 무슨 일 있었어?
H: 도난을 당했어.
M: 너 괜찮니?
H: 천만다행으로 다치진 않았어.
M: 그래도 다행이다.

SITUAÇÃO 3: 강도를 당했을 때
H: 무슨 일 있었어요?
M: 어제 오후에 강도를 당했어요.
H: 어디 다친 데 있어요?
M: 도둑이 내 핸드백을 가져갔고 총으로 머리를 때렸어요.
H: 그 사람이 총기를 가지고 있었어요?
M: 예, 권총이 있었어요.
H: 그를 식별할 수 있겠어요?
M: 정확히 기억은 안 나지만 키가 175에서 180 정도되는 오토바이 운전수였어요.

II 연습문제 정답

[3강]

[연습문제 A]
(1) é, está
(2) estamos
(3) é, está
(4) é
(5) são
(6) são
(7) estão
(8) estou
(9) somos
(10) são, são

[연습문제 B]
(1) Como é que vai, você
(2) Está bem
(3) o senhor
(4) Obrigado/a
(5) O prazer é meu

[4강]

[연습문제 A]
(1) Quantos anos você tem
(2) Eu moro em Imun-dong
(3) Quem é você
(4) Ela é minha prima
(5) Ela é gaúcha

[연습문제 B]
(1) seus
(2) minha
(3) teu
(4) Seus
(5) dela

[연습문제 C]
(1) treze
(2) sessenta e sete
(3) oitenta e dois
(4) cinquenta e cinco
(5) cento e vinte e nove
(6) duzentos e noventa e três
(7) quinhentos e dezesseis
(8) trezentos e quatorze
(9) mil quatrocentos e trinta e um
(10) dois mil e quinze

[5강]

[연습문제 A]
(1) moram
(2) falamos
(3) jantamos
(4) trabalho
(5) acredita
(6) canta
(7) tomam
(8) levanto
(9) falo
(10) trabalha

[연습문제 B]
(1) Qual é a sua profissão
(2) Sou casado
(3) Sou
(4) Sou do Rio de Janeiro
(5) simpático e inteligente

[6강]

[연습문제 A]
(1) É uma hora em ponto.
(2) São duas e meia.
(3) São quinze para as seis da tarde.
(4) São dez para a uma da tarde.
(5) São seis e quinze da manhã.
(6) São nove e vinte da noite.

[연습문제 B]
(1) Começa no dia 23 de setembro.
(2) São dezembro, janeiro, julho e agosto.
(3) São o Carnaval e o Natal.
(4) É segundo domingo de maio.
(5) Começam em dezembro.

[연습문제 C]
(1) OK, vamos
(2) podemos
(3) Vamos à praia
(4) não posso
(5) Pode ser

[7강]

[연습문제 B]
(1) eram
(2) punha
(3) vinha
(4) estava
(5) dormia, trabalhávamos

[8강]

[연습문제]
(1) A: Consultório ABC. Bom dia.
B: Desculpe. Foi engano.
A: Não foi nada.
(2) A: Alô? Poderia falar com o Sr. Roberto?
B: É ele mesmo. Quem fala?
A: É Luiza.
(3) A: Alô? A Helena está?
B: Ela acabou de sair.
A: Então, ligo mais tarde.

[10강]

[연습문제 A]
(1) encontrei
(2) começou
(3) passou
(4) convidaram
(5) acabei
(6) achamos
(7) empataram
(8) ganhou
(9) jogou
(10) apitou

[11강]

[연습문제 A]
(1) me
(2) te
(3) lhe (te)
(4) me
(5) nos, lhe

[연습문제 B]
(1) trazer mais um talher

(2) experimentar a cerveja típica daqui
(3) pedir um sanduíche
(4) tomar um café
(5) comidas você quer

[13강]

[연습문제 A]
(1) me esquecido
(2) se preocupar
(3) nos encontrarmos
(4) se vê

[14강]

[연습문제 A]
(1) coloque
(2) mexa
(3) Leve
(4) Deixe
(5) unte
(6) faça
(7) Passe

[15강]

[연습문제 A]
(1) Esta carta vai ser mandada para Maria por Pedro.
(2) A sua conta vai ser bloqueada pelo banco.
(3) O meu diário foi lido por eles.
(4) As janelas foram quebradas pelas crianças.
(5) Nós fomos roubados pelos ladrões.

[연습문제 B]
(1) preciso de
(2) precisa
(3) precisa
(4) precisamos de
(5) precisam

[16강]

[연습문제 A]
(1) (Eu) poderia falar com o diretor?
(2) (A senhora) poderia me informar onde fica o correio?
(3) (O senhor) poderia me dizer como resolver esse problema?
(4) (Vocês) poderiam falar mais devagar?
(5) (Você) poderia fechar a porta?

[19강]

[연습문제 A]
(1) partirão
(2) falará
(3) visitarão
(4) traremos
(5) farei

[20강]

[연습문제 A]
(1) não temos vagas no dia trinta.
(2) Prefiro o voo das 9 da manhã.
(3) voo, Sai, volta
(4) esse
(5) reservado

[23강]

[연습문제]

(1) Tem uma pessoa ferida aqui.

(2) O endereço e o nome do paciente, por favor?

(3) E o nome do paciente é Carlos.

(4) A ambulância já vai chegar.

(5) Muito obrig ado.

[24강]

[연습문제 A]

(1) há

(2) Há

(3) há

(4) houve

(5) Havia

봉지아 브라질
멀티미디어 포르투갈어(브라질어)

초판 1쇄 발행 2010년 2월 25일
초판 2쇄 발행 2012년 3월 15일

지은이 한국외국어대학교 포르투갈(브라질)어과
발행인 박 철
발행처 한국외국어대학교 출판부
130-791 서울특별시 동대문구 이문동 270
전화 02)2173-2495~7
팩스 02)2173-3363
홈페이지 http://press.hufs.ac.kr
전자우편 press@hufs.ac.kr
출판등록 제6-6호(1969. 4. 30)

편집·디자인 지댄피

ISBN 978-89-7464-592-2 18770 값 25,000원(동영상 CD 포함)